DIRECCIÓN EJECUTIVA:
Luis Arturo King García
Osvaldo Arrieta Falcón
Carlos Flores Laguna

DIRECCIÓN GENERAL:
Sedric Arena Gómez

AUTOR:
Material facilitado por el Departamento de Ministerios Personales de la DIA

Copyright 2022

APRECIADOS LÍDERES:

El material que llega a tus manos se proporciona para el estudio y reflexión en las reuniones de los Grupos Pequeños Compasivos.

Contiene 52 estudios breves sobre el libro **"El Conflicto de los Siglos"**, denominado este año el libro misionero.

Es el objetivo que los Grupos Pequeños Compasivos sean apelados por el Espíritu Santo a formar parte del último esfuerzo del cielo para la salvación de las personas antes del cierre de gracia.

Nuestros amigos, vecinos y familiares deben conocer de la gran promesa que está por suceder.

Pronto el dolor que ha causado el pecado desaparecerá con la llegada de Jesús.

"El gran conflicto ha terminado. Ya no hay más pecado ni pecadores. Todo el universo está purificado. De Aquel que todo lo creó manan vida, luz y contentamiento por toda la extensión del espacio infinito. Desde el átomo más imperceptible hasta el mundo más vasto, todas las cosas animadas e inanimadas, declaran en su belleza sin mácula y en júbilo perfecto, que Dios es amor". Elena G. de White, Conflicto de los Siglos, pág. 657.

Es momento de mirar hacia el cielo, Jesús viene pronto, prepárate y prepara a otros para este gran acontecimiento.

Dios te bendiga y use en la conducción de tu Grupo Pequeño Compasivo.

Atte. Su hermano en Cristo

Sedric Arena Gómez.
MINISTERIOS PERSONALES UMN

EL CONFLICTO DE LOS SIGLOS para **Grupos Pequeños**

NOMBRE DEL GRUPO PEQUEÑO COMPASIVO

LEMA DEL GRUPO PEQUEÑO

MIEMBROS INVOLUCRADOS EN EL GRUPO PEQUEÑO

NIÑOS - MENORES			
No.	NOMBRE COMPLETO	FECHA DE NACIMIENTO	PACTO CON JESÚS
1			
2			
3			
4			
5			

JÓVENES			
No.	NOMBRE COMPLETO	FECHA DE NACIMIENTO	PACTO CON JESÚS
1			
2			
3			
4			
5			

ADULTOS			
No.	NOMBRE COMPLETO	FECHA DE NACIMIENTO	PACTO CON JESÚS
1			
2			
3			
4			
5			

LISTA GENERAL DE ATENCIÓN A LOS AMIGOS				
No.	NOMBRE COMPLETO	FECHA DE NACIMIENTO	AMIGO QUE LO ATIENDE	MATERIAL BÍBLICO
1				
2				
3				
4				
5				
6				
7				
8				
9				
10				

OBJETIVOS DEL GRUPO PEQUEÑO COMPASIVO
MIEMBROS INVOLUCRADOS
1. Niños y menores
2. Jóvenes
3. Adultos

ACTIVIDADES COMUNITARIAS (1 CADA DOS MESES)			
No.	ACTIVIDAD	FECHA	AMIGOS CAPTADOS
1			
2			
3			
4			
5			

PASE DE LISTA

No.	NOMBRE COMPLETO	1	2	3	4	5	6	7	8	9	10	11	12	13	14	15	16	17	18	19	20	21	22	23	24	25	26	27	28	29	30
1																															
2																															
3																															
4																															
5																															
6																															
7																															
8																															
9																															
10																															
11																															
12																															
13																															
14																															
15																															

EL CONFLICTO DE LOS SIGLOS para **Grupos Pequeños**

	ACTIVIDADES DEL GRUPO PEQUEÑO	
No.	ACTIVIDAD	RESPONSABLE
1	Saludos	
2	Alabanzas (2 cantos)	
3	Momento de oración	
4	Estudio de la Biblia (Los niños participando con los textos de la Biblia)	
5	Alabanza	
6	Oración	
7	Convivencia	

EL CONFLICTO DE LOS SIGLOS para **Grupos Pequeños**

RUMBO DE LA IGLESIA EN LA UNIÓN MEXICANA DEL NORTE "PREDICAR Y DISCIPULAR"

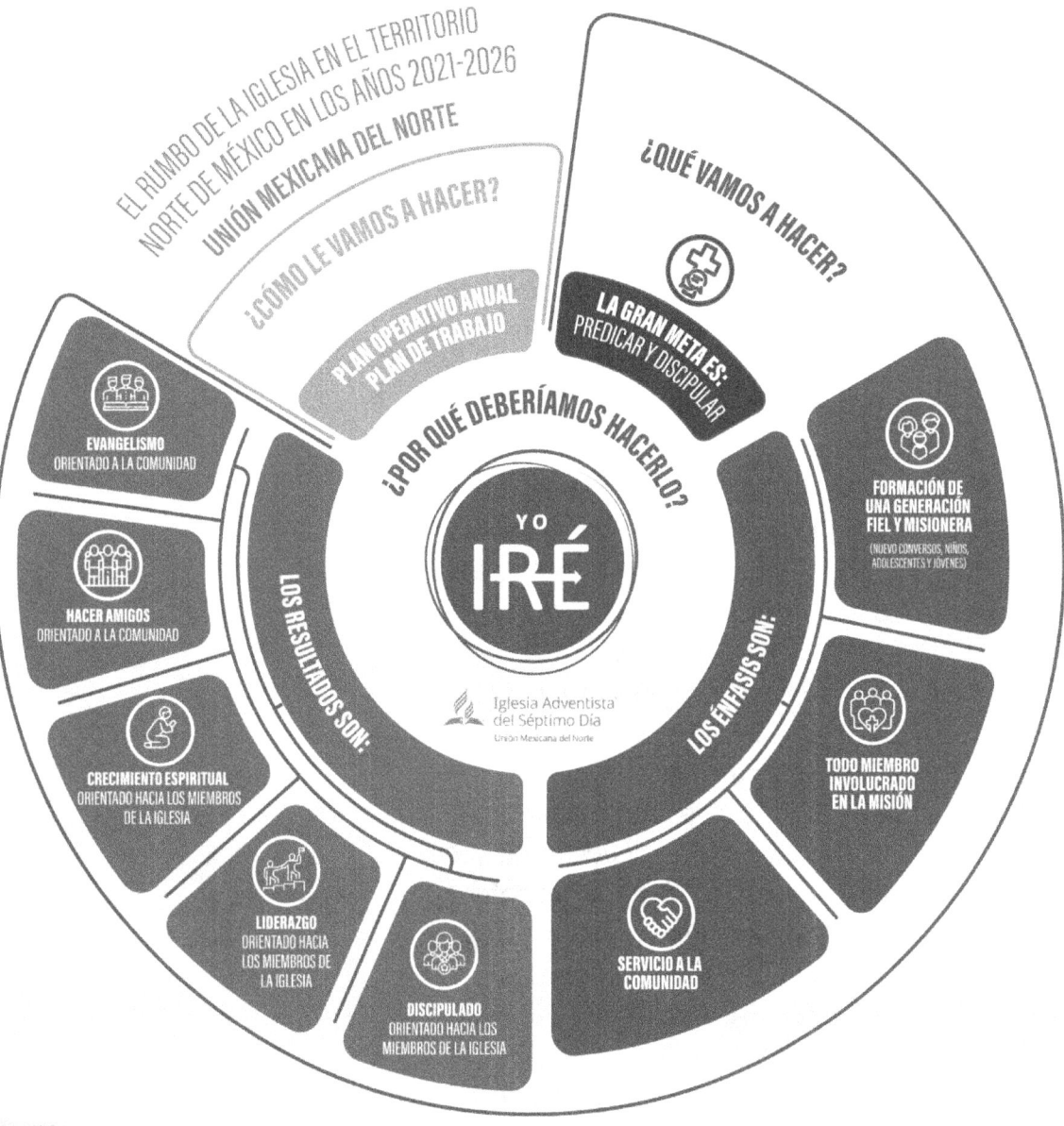

INDICE

1. El destino del mundo predicho
2. La fe de los mártires
3. Una era de tinieblas espirituales
4. Fieles porta antorchas
5. El lucero de la reforma
6. Dos héroes de la edad media
7. En la encrucijada de los caminos
8. Un campeón de la verdad
9. Se enciende una luz en Suiza
10. Progresos de la reforma
11. La protesta de los príncipes
12. La reforma en Francia
13. El despertar de España
14. En los Países Bajos y Escandinavia
15. La verdad progresa en Inglaterra
16. La Biblia y la Revolución Francesa
17. América, tierra de libertad
18. Heraldos de una nueva era
19. Una profecía significativa
20. Luz a través de las tinieblas
21. Un gran despertar religioso
22. Una amonestación rechazada
23. Profecías cumplidas
24. El templo de Dios
25. Jesucristo nuestro abogado
26. Los Estados Unidos en la profecía
27. Una obra de reforma
28. La verdadera conversión
29. El juicio investigador 1 y 2
30. El origen del mal y del dolor
31. El peor enemigo del hombre
32. ¿Quiénes son los ángeles?
33. Las asechanzas del enemigo
34. El misterio de la inmortalidad
35. ¿Pueden hablarnos nuestros muertos?
36. La libertad de la conciencia amenazada 1 y 2
37. El conflicto inminente 1 y 2
38. Nuestra única salvaguardia 1 y 2
39. El mensaje final de Dios 1 y 2
40. El tiempo de angustia 1 y 2
41. La liberación del pueblo de Dios 1 y 2
42. La desolación de la tierra 1 y 2
43. El fin del conflicto 1 y 2

1. DESTINO DEL MUNDO PREDICHO

Base Bíblica.

"¡Jerusalén, Jerusalén, que matas a los profetas, y apedreas a los que son enviados a ti! ¡cuántas veces quise juntar tus hijos, como la gallina junta sus pollos debajo de las alas, y no quisiste! He aquí su casa le es dejada desierta, porque les digo que desde ahora no me verán mas hasta que digan: ¡bendito el que viene en el nombre del Señor ¡ Mateo 23:37-39

GEMA DE REFLEXIÓN:

"La hora de esperanza y de perdón transcurrió rápidamente. La copa de la ira de Dios, por tanto, tiempo contenido, estaba casi llena. La nube que había ido formándose a través de los tiempos de apostasía y rebelión, veíase ya negra, cargada de maldiciones, próxima a estallar sobre un pueblo culpable; y el único que podía librarle de su suerte fatal inminente había sido menospreciado, escarnecido y rechazado, y en breve lo iban a crucificar. Cuando el Cristo estuviera clavado en la cruz del Calvario, ya habría transcurrido para Israel su día como nación favorecida y saciada de las bendiciones de Dios. La pérdida de una sola alma se considera como una calamidad infinitamente más grande que la de todas las ganancias y todos los tesoros de un mundo; pero mientras Jesús fijaba su mirada en Jerusalén, veía la ruina de toda una ciudad, de todo un pueblo; de aquella ciudad y de aquel pueblo que habían sido elegidos de Dios, su especial tesoro" C.S. Pág. 23

COMENTARIO:

Dios en su inmenso amor y misericordia es paciente para que las personas tomen una decisión, así fue con Jerusalén y desde esa perspectiva vio el destino del mundo, estamos seguros de que de la misma manera como actuó frente a Jerusalén actuará en los últimos días.

Vivimos en un mundo que se afana por vivir el presente sin mirar al mañana, una sociedad que elabora estrategias sin plantearse los fines, una juventud que quiere acabarse todo, aquí y ahora. Hemos perdido el deseo de la transcendencia, la búsqueda de un fin último, el deseo de un más allá. Hemos roto los castillos mágicos, resquebrajado nuestros sueños y matado al hombre pensante. Los cambios son tan vertiginosos que no dan tiempo de meditarlos, no dan espacio para reflexionar sus beneficios y no dan lugar para quedarse con ellos. Es el tiempo del cambio de época, de la hipersensibilización, de la falta de fe de un mundo mejor. Cuando pasa todo esto es porque el mundo no tiene esperanza, no tiene aspiraciones de bienes futuros, no tiene deseos de un mañana mejor. Lo importante es vivir el presente: "comamos y bebamos que mañana moriremos" Is. 22,13 (Cf. 1 Cor. 15,32). Eso le pasó a Jerusalén y le puede pasar al mundo hoy. El destino del mundo esta predicho, pero tu puedes elegir un camino seguro creyendo en Cristo y aceptándolo como tu salvador.

PREGUNTAS DE REFLEXIÓN:
1. ¿Cuál es la relación que existe entre la destrucción de Jerusalén y el fin del mundo?
2. ¿Cuándo Jesús lloró sobre Jerusalén, lo hizo solo por ellos?
3. ¿En un mundo sin esperanza, crees que el destino predicho te da una oportunidad de tomar una mejor decisión en tu vida?

2. LA FE DE LOS MÁRTIRES

Base Bíblica.
"Sé fiel hasta la muerte, y yo te daré la corona de la vida" Apocalipsis 2:10.

GEMA DE REFLEXIÓN:

"En las persecuciones más encarnizadas, estos testigos de Jesús conservaron su fe sin mancha. A pesar de verse privados de toda comodidad y aun de la luz del sol mientras moraban en el oscuro pero benigno seno de la tierra, no profirieron quejas. Con palabras de fe, paciencia y esperanza, se animaban unos a otros para soportar la privación y la desgracia. La pérdida de todas las bendiciones temporales no pudo obligarlos a renunciar a su fe en Cristo. Las pruebas y la persecución no eran sino peldaños que los acercaban más al descanso y a la recompensa." ... El gran adversario se esforzó entonces por obtener con artificios lo que no consiguiera por la violencia. Cesó la persecución y la reemplazaron las peligrosas seducciones de la prosperidad temporal y del honor mundano. Los idólatras fueron inducidos a aceptar parte de la fe cristiana, al par que rechazaban otras verdades esenciales. Profesaban aceptar a Jesús como Hijo de Dios y creer en su muerte y en su resurrección, pero no eran convencidos de pecado ni sentían necesidad de arrepentirse o de cambiar su corazón. Habiendo hecho algunas concesiones, propusieron que los cristianos hicieran las suyas para que todos pudiesen unirse en el terreno común de la fe en Cristo". C.S p. 44,45,46

COMENTARIO:

La persecución a cristianos en el Imperio romano se produjo de forma intermitente durante un período de más de dos siglos entre el Gran incendio de Roma en el año 64 bajo Nerón y el Edicto de Milán en el 313, en el cual los emperadores romanos Constantino el Grande y Licinio legalizaron la religión cristiana. Fue esto como una raya divisoria entre lo brutal y lo menos brutal, la seducción de satanás vino de otra forma mas sutil tratando de acallar la voz de la verdad. La persecución a los cristianos en el Imperio romano fue llevada a cabo por el Estado y también por las autoridades locales de manera esporádica y puntual, a menudo a capricho de las comunidades locales. A partir del año 250, la persecución en todo el imperio tuvo lugar como consecuencia indirecta de un edicto del emperador Decio. Este edicto estuvo en vigor dieciocho meses, durante los cuales algunos cristianos fueron asesinados.

La historia registrada, nos demuestran que los inicios fueron crueles y difíciles para la iglesia cristiana, pero que sus miembros permanecieron firmes y fieles a las promesas de un Dios maravillosos que estuvo con ellos en cada aspecto de sus sufrimientos. Estas promesas son y serán las mismas que nos sostendrán en la etapa final de la historia de la humanidad, cuando el mundo se polarice entre la verdad y el error.

PREGUNTAS DE REFLEXIÓN:
1. ¿Cuán exitosos fueron los esfuerzos de satanás de destruir la iglesia por la violencia?
2. ¿Cómo responde Ellen White a la pregunta: ¿Cómo puede un Dios justo tolerar una persecución tan terrible?
3. ¿Por qué no hay persecución hoy?, si la hubiera ¿como actuaríamos?

3. UNA ERA DE TINIEBLAS

Base Bíblica.

"Así que, hermanos, estad firmes, y retened la doctrina que habéis aprendido, sea por palabra, o por carta nuestra. Y el mismo Señor nuestro Jesucristo, y Dios y Padre nuestro, el cual nos amó, y nos dio consolación eterna, y buena esperanza por gracia, Consuele vuestros corazones, y os confirme en toda buena palabra y obra." 2 tesalonicenses 2: 15-17

GEMA DE REFLEXIÓN:

"Bien sabía Satanás que las Sagradas Escrituras capacitarían a los hombres para discernir los engaños de él y para oponerse a su poder. Por medio de la Palabra fue como el mismo Salvador del mundo resistió los ataques del tentador. A cada asalto suyo, Cristo presentaba el escudo de la verdad eterna diciendo: "Escrito está" A cada sugestión del adversario oponía él la sabiduría y el poder de la Palabra. Para mantener su poder sobre los hombres y establecer la autoridad del usurpador papal, Satanás necesita que ellos ignoren las Santas Escrituras. La Biblia ensalza a Dios y coloca a los hombres, seres finitos, en su verdadero sitio; por consiguiente, hay que esconder y suprimir sus verdades sagradas. Esta fue la lógica que adoptó la iglesia romana. Por centenares de años fue prohibida la circulación de la Biblia. No se permitía a la gente que la leyese ni que la tuviese en sus casas, y sacerdotes y prelados sin principios interpretaban las enseñanzas de ella para sostener sus pretensiones. Así fue como el papa vino a ser reconocido casi universalmente como vicegerente de Dios en la tierra, dotado de autoridad sobre la iglesia y el estado". C.S. p. 55

COMENTARIO:

Habiendo cesado la persecución, "la iglesia dejó a un lado la humilde sencillez de Cristo y de sus apóstoles por la pompa y el orgullo de los sacerdotes y gobernantes paganos, y sustituyó los requerimientos de Dios por las teorías y las tradiciones de los hombres". Las profecías que durante siglos habían anunciado un poder que se haría pasar por Dios para intentar cambiar los tiempos y la ley, encontraron su cumplimiento en la iglesia romana. La "conversión" de Constantino al cristianismo provocó que la iglesia dejara la pureza del evangelio por la corrupción del mundo.

"Solo por medio de la usurpación puede el Papa ejercer autoridad sobre la iglesia de Cristo" ya que tal pretensión no tiene base bíblica alguna puesto que la única Cabeza y autoridad de la iglesia es Cristo. Solo Cristo. La Palabra es clara al respecto y por ello era necesario silenciar la Escritura para que nadie pudiera desenmascarar el engaño. La iglesia mandó "esconder y suprimir sus verdades sagradas" dejando a los hombres en una terrible era de oscuridad espiritual. No hay mejor forma de resumir este capítulo que con las palabras que encontramos casi al final del mismo: "El apogeo del papado fue la medianoche del mundo" (Wylie, The History of Protestantism, libro 1, cap. 4)

Hoy no hay tal prohibición, no existe abiertamente la nulidad de estudiar las Sagradas Escrituras, pero muchos han elegido en forma personal seguir en la ignorancia de las Palabra de Dios, m i reflexión y exhortación es a volver a abrir la Biblia, en forma personal familiar y en la Iglesia, levantar las grandes verdades que han quedado pintadas como un cuadro en la historia y sobre esa plataforma predicar el evangelio eterno a un mundo que también perece en la ignorancia.

PREGUNTAS DE REFLEXIÓN:
1. ¿Pudo el poder papal suprimir totalmente la verdad?
2. ¿Cómo podemos hoy aprovechar la calma y la bonanza que tenemos para difundir la Palabra de Dios?
3. El periodo de los 1,200 años llegó a su fin, pero ¿Que otras maneras de supremacía satanás esta inventando para alejarnos de la verdad?

4. FIELES PORTA ANTORCHAS

Base Bíblica.

"Y en ningún otro hay salvación; porque no hay otro nombre debajo del cielo, dado á los hombres, en que podamos ser salvos." Hechos 4:12

GEMA DE REFLEXIÓN:

"La fe que por muchos siglos sostuvieron y enseñaron los cristianos valdenses contrastaba notablemente con las doctrinas falsas de Roma. De acuerdo con el sistema verdaderamente cristiano, fundaban su creencia religiosa en la Palabra de Dios escrita. Pero esos humildes campesinos en sus oscuros retiros, alejados del mundo y sujetos a penosísimo trabajo diario entre sus rebaños y viñedos, no habían llegado de por sí al conocimiento de la verdad que se oponía a los dogmas y herejías de la iglesia apóstata. Su fe no era una fe nueva. Su creencia en materia de religión la habían heredado de sus padres. Luchaban en pro de la fe de la iglesia apostólica, "la fe que ha sido una vez dada a los santos". Judas 3. "La iglesia del desierto", y no la soberbia jerarquía que ocupaba el trono de la gran capital, era la verdadera iglesia de Cristo, la depositaria de los tesoros de verdad que Dios confiara a su pueblo para que los diera al mundo". C.S. p. 69, 70

COMENTARIO:

Dios tiene sus métodos para preservar la verdad y en medio de la confusión espiritual levantó este grupo de personas (Los Valdenses) en medio de las montañas para demostrar que es posible conservar la verdad a un en medio de las turbulencias que el enemigo quiere colocar delante de la iglesia.

A pesar de los siglos de gran oscuridad, la verdad no pudo ser extinguida totalmente. A lo largo de la historia siempre ha habido cristianos "sencillos y humildes" que conservaron su fe en Cristo como único mediador entre Dios y los hombres. Ellos sostuvieron la Biblia como única fuente de verdad. Estos fieles contrastaron con la superstición, arrogancia y pompa que caracterizaba al papado.

Fue precisamente en Italia donde los valdenses lograron mantener su independencia durante siglos. Fundamentados en las enseñanzas de la Biblia, los valdenses se convirtieron en los guardianes "de los tesoros de la verdad que Dios confiara a su pueblo para que los diera al mundo". Solemne responsabilidad, sin duda.

Los valdenses consideraban la Biblia como "el libro" fundamental para la vida. Aunque no descuidaban ni la cultura ni el desarrollo de la inteligencia, a los jóvenes valdenses se les enseñaba las verdades de la Palabra de Dios. Se les animaba especialmente a memorizar los Evangelios de Mateo y Juan, así como muchas de las epístolas. Escondidos en las cuevas de las montañas y a la luz de las velas, los valdenses copiaban total o parcialmente las Escrituras. Deseaban esparcir por Europa la luz de la verdad: la revelación de Jesús, su carácter de amor.

PREGUNTAS DE REFLEXIÓN:
1. En cada época Dios tiene sus testigos ¿Cuáles son las tres características que estos poseen?
2. ¿Qué grupo fue el principal en resistir/oponerse al avance del poder papal?
3. ¿Qué lugar ocupaba la Biblia en el currículo de la escuela

5. EL LUCERO DE LA REFORMA

Base Bíblica.

"Levántate, resplandece; que ha venido tu luz, y la gloria de Jehová ha nacido sobre ti. Porque he aquí que tinieblas cubrirán la tierra, y oscuridad los pueblos: mas sobre ti nacerá Jehová, y sobre ti será vista su gloria.".
Isaías 60: 1, 2

GEMA DE REFLEXIÓN:

"Dios le había señalado a Wiclef su obra. Puso en su boca la palabra de verdad y colocó una custodia en derredor suyo para que esa palabra llegase a oídos del pueblo. Su vida fue protegida y su obra continuó hasta que hubo echado los cimientos para la grandiosa obra de la Reforma. Wiclef surgió de entre las tinieblas de los tiempos de ignorancia y superstición. Nadie había trabajado antes de él en una obra que dejara un molde al que Wiclef pudiera atenerse. Suscitado como Juan el Bautista para cumplir una misión especial, fue el heraldo de una nueva era. Con todo, en el sistema de verdad que presentó hubo tal unidad y perfección que no pudieron superarlo los reformadores que le siguieron, y algunos de ellos no lo igualaron siquiera, ni aun cien años más tarde. Echó cimientos tan hondos y amplios, y dejó una estructura tan exacta y firme que no necesitaron hacer modificaciones los que le sucedieron en la causa." C.S. p. 99, 100.

COMENTARIO:

Es emocionante ver este capítulo de la Reforma protestante y sobre todo resaltar la obra de quien es llamado La estrella matutina de la reforma o el lucero de la reforma, para referirse nada menos que a John Wiclef.

El profesor de Oxford se propondría la mayor obra de su vida: la traducción de las Escrituras al idioma inglés. "Muchos y grandes fueron los obstáculos que tuvo que vencer para llevar a cabo esa obra" pero consiguió su objetivo. Entregó en manos del pueblo una versión de la Biblia que ellos podían leer. Había iluminado a Inglaterra con una "luz que jamás se extinguiría".

Una y otra vez Roma quiso acallar la voz de Wiclef al que se le llegó a ordenar que viajase a la capital del imperio para ser juzgado por un tribunal papal. Los planes de Dios eran otros para el envejecido reformador que fue llamado al descanso sin que sus enemigos pudieran hacerle mal alguno. "Los papistas habían fracasado en su intento de perjudicar a Wiclef durante su vida y su odio no podía aplacarse mientras los restos del reformador siguieran descansando en la paz del sepulcro. Por un decreto del concilio de Constanza, más de cuarenta años después de la muerte de Wiclef, sus huesos fueron exhumados y quemados públicamente, y las cenizas arrojadas en un arroyo cercano".

Este ejemplo de testificación pura, valiente, sin condiciones o acuerdos con el sistema religioso vigente, debe animarnos a nosotros hoy a ser luz en un mundo que perece en las tinieblas de la desesperación y la angustia. Debemos tomar la antorcha de la verdad y levantar el estandarte ensangrentado de la Cruz de Cristo y anunciarle al mundo el evangelio eterno. Con mucha razón Elena White concluye este capítulo con las siguientes palabras: "Una mano divina estaba preparando el camino de la gran Reforma". Se abriría una puerta que nadie iba a ser capaz de cerrar.

PREGUNTAS DE REFLEXIÓN:
1. ¿Cuál fuer la mayor obra de Wiclef en su vida?
2. ¿Qué influencia tuvieron los escritos de Wiclef en Europa Continental?
3. ¿Qué lección practica de la vida de Wiclef, puedes aplicarla a tu vida y a la vida de la iglesia del siglo XXI?

6. DOS HÉROES DE LA EDAD MEDIA

Base Bíblica.

"Y será la seguridad de tus tiempos, un depósito de salvación, de sabiduría y de conocimiento. El temor del Señor será tu tesoro. He aquí que sus héroes claman en las calles; los embajadores de paz lloran". Isaías 33:6,7.

GEMA DE REFLEXIÓN:

"Hasta aquí Hus había estado solo en sus labores, pero entonces Jerónimo, que durante su estada en Inglaterra había hecho suyas las doctrinas enseñadas por Wiclef, se unió con él en la obra de reforma. Desde aquel momento ambos anduvieron juntos y ni la muerte había de separarlos... Jerónimo poseía en alto grado lucidez genial, elocuencia e ilustración, y estos dones le conquistaban el favor popular, pero en las cualidades que constituyen verdadera fuerza de carácter, sobresalía Hus. El juicio sereno de este restringía el espíritu impulsivo de Jerónimo, el cual reconocía con verdadera humildad el valer de su compañero y aceptaba sus consejos. Mediante los esfuerzos unidos de ambos la reforma progresó con mayor rapidez. Así murieron los fieles siervos que derramaron la luz de Dios. Pero la luz de las verdades que proclamaron—la luz de su heroico ejemplo—no pudo extinguirse. Antes podían los hombres intentar hacer retroceder al sol en su carrera que apagar el alba de aquel día que vertía ya sus fulgores sobre el mundo. C.S. p. 110 y 123.

COMENTARIO:

Hus y Jerónimo hombres de valor y campeones de la reforma quienes nos legaron lecciones maravillosas para la historia de la iglesia cristiana y las futuras generaciones. Ambos vivieron las mas grandes dificultades las cuales nosotros estamos lejos de imaginar, Juan Hus fue llamado a levantar las verdades bíblicas en una sociedad donde reinaban los peores vicios, precisamente porque la Biblia había sido prohibida. Pronto se le unió Jerónimo quien también había estudiado los escritos de Wiclef. "Mediante los esfuerzos unidos de ambos la reforma progresó con mayor rapidez". Poco a poco el Señor iba revelando más luz a aquellos hombres valientes que habrían de sacar al pueblo de Dios de aquellas densas tinieblas. Y aunque la voz de ambos quedó acallada en la hoguera la luz de la verdad brillaba cada vez con más fuerza en Europa.

Hoy podemos predicar sin ninguna restricción y persecución, por el momento, aprovechemos la hora de la bonanza para compartir con el mundo la verdead y hacerla contrastar con el error y las tinieblas.

Mientras estoy parado en la plataforma de la historia y contemplo la vida de estos dos héroes de la reforma, pienso en el precio que tuvieron que pagar estos hombres para lograr la victoria, comparado con el precio que tuvo que pagar Jesús por nosotros y el precio que muchos de nosotros pagaremos antes de que lo veamos regresar por nosotros, elaboro mi oración y mi reflexión de la siguiente manera: Señor enséñame a permanecer firme y consagrado a ti todos los días de mi vida. Amen.

PREGUNTAS DE REFLEXIÓN:
1. ¿Cómo se complementaron Hus y Jerónimo en su ministerio?
2. ¿Qué pasó con Jerónimo cuando vivo a Constanza a auxiliar a Hus?
3. ¿Qué poderes se unieron para aplastar la reforma de Hus? ¿Podrán poderes similares actuar hoy?

7. EN LA ENCRUCIJADA DE LOS CAMINOS

Base Bíblica.

"Mas la senda de los justos es como la luz de la aurora, Que va en aumento hasta que el día es perfecto." Proverbios 4:18.

> **GEMA DE REFLEXIÓN:**
>
> "Lutero advirtió que era peligroso ensalzar las doctrinas de los hombres en lugar de la Palabra de Dios. Atacó resueltamente la incredulidad especulativa de los escolásticos y combatió la filosofía y la teología que por tanto tiempo ejercieran su influencia dominadora sobre el pueblo. Denunció el estudio de aquellas disciplinas no solo como inútil sino como pernicioso, y trató de apartar la mente de sus oyentes de los sofismas de los filósofos y de los teólogos y de hacer que se fijasen más bien en las eternas verdades expuestas por los profetas y los apóstoles... Era muy precioso el mensaje que Lutero daba a las ansiosas muchedumbres que pendían de sus palabras. Nunca antes habían oído tan hermosas enseñanzas. Las buenas nuevas de un amante Salvador, la seguridad del perdón y de la paz por medio de su sangre expiatoria, regocijaban los corazones e inspiraban en todos una esperanza de vida inmortal. Encendióse así en Wittenberg una luz cuyos rayos iban a esparcirse por todas partes del mundo y que aumentaría en esplendor hasta el fin de los tiempos". C.S. p. 135, 136

COMENTARIO:

Si Wiclef fue llamado el lucero de la reforma, Hus y Jerónimo héroes de la edad media, Martín Lutero seria llamado como el príncipe de la reforma. Este era un monje sensible a las enseñanzas de las Escrituras donde pudo darse cuenta de su condición de pecado buscando por todos los medios obtener el perdón a partir de su sacrificio. "A pesar de todos sus esfuerzos, su alma agobiada no hallaba alivio, y al fin fue casi arrastrado a la desesperación" ... "Cuando Lutero creía que estaba todo perdido, Dios le deparó un amigo que le ayudó. El piadoso Staupitz le expuso la Palabra de Dios y le indujo a apartar la mirada de sí mismo, a dejar de contemplar un castigo venidero infinito por haber violado la ley de Dios, y a acudir a Jesús, el Salvador que le perdonaba sus pecados". Contemplar a Jesús otorgó gran alivio al angustiado sacerdote que comenzó a enseñar en la universidad de Wittenberg.

Este poderoso, profesor, predicador y estudioso de la Biblia se convertiría en el reformador mas contundente de la historia de la Iglesia Cristiana. Comenzó una lucha que haría temblar el poder del papa en los países europeos. El tráfico de indulgencias y las compras del perdón enfurecían al reformador que veía como se vendían las bulas papales, no solo a favor de los vivos, sino también de los muertos.

Su obra maestra de las 95 tesis clavadas en las puertas de la catedral de Wittenberg, fueron la censura mas grande contra la iglesia vigente. Según EGW en este capítulo ella dice: "el gran conflicto entre la verdad y la mentira, entre Cristo y Satanás, irá aumentando en intensidad a medida que se acerque el fin de la historia de este mundo".

PREGUNTAS DE REFLEXIÓN:

1. ¿Cuándo le vino a Martín Lutero las palabras de Romanos 1:17?

2. ¿Qué evento ha sido llamado "el día mas grande de la reforma y uno de los mas gloriosos en la historia del cristianismo y de la humanidad"?

3. ¿Cómo puedo imitar la valentía de Lutero de vivir solo por la fe y testificar de la verdad, compartiendo el último mensaje de misericordia al mundo?

8. UN CAMPEÓN DE LA VERDAD

Base Bíblica.

"Lo que era desde el principio, lo que hemos oído, lo que hemos visto con nuestros ojos, lo que hemos mirado, y palparon nuestras manos tocantes al Verbo de vida; ... "Lo que hemos visto y oído, eso os anunciamos, para que también vosotros tengáis comunión con nosotros: y nuestra comunión verdaderamente es con el Padre, y con su Hijo Jesucristo." 1 Juan 1: 1 y 3

> **GEMA DE REFLEXIÓN:**
>
> "Dios todopoderoso! ¡Dios eterno! cuan terrible es el mundo! ¡como abre la boca para tragarme! y que débil es la confianza que tengo en ti! [...] ¡Si debo confiar en lo que es poderoso según el mundo, estoy perdido! Está tomada la última resolución, y está pronunciada la sentencia! [...] Oh Dios mío! Asísteme contra toda la sabiduría a del mundo! Hazlo [...] tú solo [...] porque no es obra mía sino tuya. ¡Nada tengo que hacer aquí, nada tengo que combatir contra estos grandes del mundo! [...] Mas es tuya la causa, y ella es justa y eterna! ¡Oh, Señor! sé mi ayuda! ¡Dios fiel, Dios inmutable! ¡No confío en ningún hombre, pues ser a en vano! por cuanto todo lo que procede del hombre fallece [...]. Me elegiste para esta empresa [...]. Permanece a mi lado en nombre de tu Hijo muy amado, Jesucristo, el cual es mi defensa, mi escudo y mi fortaleza" ...Una sabia providencia permitió a Lutero apreciar debidamente el peligro que le amenazaba, para que no confiase en su propia fuerza y se arrojase al peligro con temeridad y presunción". C.S. p. 167 y 177

COMENTARIO:

Aquí la pluma inspirada, llama a Lutero como el Campeón de la Verdad, nada mas apropiado, en el tiempo mas oportuno, Lutero dejaría una huella por las futuras generaciones en la historia de la Iglesia Cristiana. En aquellos días los mismos argumentos que han sido usados contra la verdad en todas las épocas se volvieron a oír: "Los que abogan por una religión popular exclaman: '¿Quiénes son estos predicadores de nuevas doctrinas? Son indoctos, escasos en número y de las clases más pobres. Y, con todo, pretenden tener la verdad y ser el pueblo elegido de Dios. Son ignorantes y engañados. ¡Cuán superior en número e influencia es nuestra iglesia! ¡Cuántos hombres grandes y eruditos hay entre nosotros! ¡Cuánto mayor es el poder que está de nuestro lado! Estos son los argumentos que tienen una influencia eficaz sobre el mundo; pero no son de más peso hoy que en los días del reformador".

Había ascendido al trono como nuevo emperador, Carlos V quien convocó a los estados alemanes a una asamblea en Worms. A pesar de que los emisarios de Roma insistían en la necesidad de silenciar a Lutero, éste fue convocado para defender su posición. Acudió a la cita con una mentalidad que resume perfectamente esta frase: "Huir no puedo; y retractarme, mucho menos". Estas fueron las palabras de un campeón de la verdad, firme en sus convicciones de parte de la justicia aunque se desplomen los cielos.

La reforma no terminaría matando a Lutero, tenía y tiene que continuar hasta el fin del mundo, Lutero tuvo una gran obra que hacer: reflejar a otros la luz que Dios hiciera brillar en su corazón; pero él no recibió toda la luz que debía ser dada al mundo. Desde aquel tiempo hasta hoy nueva luz ha estado brillando ininterrumpidamente sobre las Escrituras, y nuevas verdades han sido reveladas constantemente Wittenberg, fueron la censura mas grande contra la iglesia vigente. Según EGW en este capítulo ella dice: "el gran conflicto entre la verdad y la mentira, entre Cristo y Satanás, irá aumentando en intensidad a medida que se acerque el fin de la historia de este mundo".

PREGUNTAS DE REFLEXIÓN:
1. ¿Cómo percibía Lutero su Misión como pastor del rebaño del Señor?
2. ¿Quién convocó a Lutero ante la dieta de Worms?
3. ¿De qué manera lucho Lutero contra el papado y el fanatismo que había buscado aliarse con el movimiento de reforma anteriormente?

9. SE ENCIENDE UNA LUZ EN SUIZA

Base Bíblica.

"Así que, hermanos, cuando fui á vosotros, no fui con altivez de palabra, o de sabiduría, a anunciaros el testimonio de Cristo. Porque no me propuse saber algo entre vosotros, sino á Jesucristo, y á éste crucificado. Y estuve yo con vosotros con flaqueza, y mucho temor y temblor; Y ni mi palabra ni mi predicación fue con palabras persuasivas de humana sabiduría, mas con demostración del Espíritu y de poder." 1 Corintios 2: 1-3

GEMA DE REFLEXIÓN:

"Las Escrituras—decía Zwinglio—vienen de Dios, no del hombre. Y ese mismo Dios que brilla en ellas te dará a entender que las palabras son de Dios. La Palabra de Dios […] no puede errar. Es brillante, se explica a sí misma, se descubre, ilumina el alma con toda salvación y gracia, la consuela en Dios, y la humilla hasta que se anonada, se niega a sí misma, y se acoge a Dios". Zwinglio mismo había experimentado la verdad de estas palabras. Hablando de ello, escribió lo siguiente: "Cuando […] comencé a consagrarme enteramente a las Sagradas Escrituras, la filosofía y la teología [escolástica] me suscitaban objeciones sin número, y al fin resolví dejar a un lado todas estas quimeras y aprender las enseñanzas de Dios en toda su pureza, tomándolas de su preciosa Palabra. Desde entonces pedí a Dios luz y las Escrituras llegaron a ser mucho más claras para mí." C.S. p. 185

COMENTARIO:

Bajo las majestuosas montañas de los Alpes suizos nació Ulrich Zwinglio. Hombre lleno de talento con dotes especiales en la predicación y con un genio musical y poético, este sacerdote fue llamado por Dios para levantar a Cristo desde el conocimiento profundo de las Escrituras.

Contrario al fanatismo con el que actuaban los creyentes y la superstición con la que mezclaba Roma los asuntos religiosos, Zwinglio predicaba a los fieles la suficiencia del sacrificio de Cristo y la necesidad de la fe en él como único remedio para el pecado. Muchos de los que le escuchaban quedaban frustrados con estas nuevas enseñanzas puesto que "estaban satisfechos con el antiguo camino al cielo que Roma había trazado". Otros, sin embargo, "escuchaban sus palabras con el más profundo interés… dando alabanzas a Dios".

El contraste entre la tradición y las costumbres frente a la frescura del Evangelio era evidente. Mientras que los reformadores se esforzaban por presentar el perdón gratuito por medio de la sangre de Cristo, Roma redoblaba su interés en ofrecer el perdón a cambio de dinero: "cada pecado tenía un precio, y se otorgaba a los hombres licencia para cometer crímenes con tal que el dinero mantuviera bien llena la tesorería de la iglesia". La predicación y enseñanzas de este valeroso reformador hicieron que las personas miraran a Cristo como su único y suficiente salvador, Su cátedra cautivaba a las personas dándoles esperanza mas allá de simplemente el negocio de las indulgencias.

PREGUNTAS DE REFLEXIÓN:
1. ¿Cuál era la motivación mas grande en la vida de Zwinglio?
2. ¿Había existido alguna comunicación entre Lutero y Zwinglio, o fue el Espíritu Santo que guio a estos valerosos reformadores?
3. ¿Hoy como podemos dar este mensaje a las personas que piensan que necesitan hacer peregrinaciones o sacrificios para ganar la salvación?

10. PROGRESO DE LA REFORMA

Base Bíblica.

"Porque no me avergüenzo del evangelio, pues es el poder de Dios para la salvación de todo el que cree; del judío primeramente y también del griego. Porque en el evangelio la justicia de Dios se revela por la fe y para fe; como esta escrito: Mas el justo por la fe vivirá." Romanos 1:16,17

GEMA DE REFLEXIÓN:

"La Reforma iba cobrando constantemente fuerzas. La semilla que Lutero había sembrado brotaba en todas partes. Su ausencia realizó una obra que su presencia no habría realizado. Otros obreros sintieron nueva responsabilidad al serles quitado su jefe, y con nueva fe y ardor se adelantaron a hacer cuanto pudiesen para que la obra tan noblemente comenzada no fuese estorbada". C.S. p. 196

COMENTARIO:

Para sorpresa de muchos, en la ruta que estamos siguiendo, nos volvemos a encontrar con Lutero, mientras él seguía oculto en el castillo de Wartburg, las manifestaciones ante su extraña desaparición fueron de lo más diversas. Hubo quienes entendieron que el hombre de Dios había sido acallado por los celos del clero y juraron vengar tal acción. La iglesia, que se había mostrado expectante en primera instancia, comenzó a temer la reacción de la gente. Hubo quienes, aprovechando la confusión, se hicieron pasar por reformadores alejando al pueblo del firme fundamento de la Palabra de Dios poniendo en su lugar "la norma variable e incierta de sus propios sentimientos e impresiones". Estos iluminados fueron apoyados por quienes naturalmente se inclinaban al fanatismo. Pero, desde la clandestinidad, Martín Lutero pudo ver que el peligro que tenía que afrontar la fe reformada era mayor que el que había tenido que sufrir ante las amenazas del papa. Supo que "de entre los profesos amigos de la Reforma habían surgido sus peores enemigos" y decidió hacerles frente. Dejó la tranquilidad de su refugio y volvió a Wittenberg donde comenzó de nuevo a predicar con poder la Palabra de Dios. Su predicación "destrozó la turba de fanáticos. El poder del Evangelio hizo volver a la verdad a la gente que se había descarriado, y otra vez esta Lutero en el escenario, predicando con mas fuerza y sin temor las grandes verdades del evangelio.

Nada debe darnos temor al presentar la verdad, hoy mas que nunca debemos sacar a relucir la verdad profética de la Palabra de Dios y dar al mundo un mensaje de: Advertencia, Esperanza, pero sobre todo de Salvación, debemos ser protagonistas mas que espectadores en este escenario.

PREGUNTAS DE REFLEXIÓN:
1. ¿Qué ejemplo tenemos en este capítulo sobre la difusión de la verdad?
2. ¿Cuál era el lugar donde Martín Lutero se mantuvo en la clandestinidad?, ¿Por qué decidió salir a predicar de nuevo?
3. Racionalismo, catolicismo, Fanatismo y Cristianismo se dieron cita en el s.XVI ¿Se volverán a ver las caras en el escenario mundial antes del Retorno de Jesús?

11. LA PROTESTA DE LOS PRÍNCIPES

Base Bíblica.

"El respondió: No temas, porque los que están con nosotros son más que los que están con ellos. Eliseo entonces oró, y dijo: Oh Señor te ruego que abras los ojos para que vea. Y el Señor abrió los ojos del criado, y miró, y he aquí que en el monte estaba lleno de caballos y carros de fuego alrededor de Eliseo." 2 Reyes 6:16,17

GEMA DE REFLEXIÓN:

"Los fieles siervos de Dios no trabajaban solos. Mientras que los principados y potestades de los espíritus malos se ligaban contra ellos, el Señor no desamparaba a su pueblo. Si sus ojos hubieran podido abrirse habrían tenido clara evidencia de la presencia y el auxilio divinos, que les fueron concedidos como a los profetas en la antigüedad. Cuando el siervo de Eliseo mostró a su amo las huestes enemigas que los rodeaban sin dejarles cómo escapar, el profeta oró: "Te ruego, Jehová, que abras sus ojos para que vea". 2 Reyes 6:17 (RV95). Y he aquí el monte estaba lleno de carros y caballos de fuego: el ejército celestial protegía al varón de Dios. Del mismo modo, había ángeles que cuidaban a los que trabajaban en la causa de la Reforma". C.S. p. 221

COMENTARIO:

Cuando decidimos por la verdad y la abrazamos con fervor, llena nuestra mente arde en nuestro corazón y no podemos callar, debemos hablar y decirle al mundo, que aún en medio del error, hay esperanza. Los príncipes, fieles siervos del Dios vivo, no tuvieron miedo de declarar su fe y contra todo pronóstico fueron en contra del error, aunque eso les arrebataría sus comodidades temporales, pero con gusto la cambiaron por una mejor, la salvación eterna.

La protesta de Spira fue un solemne testimonio contra la intolerancia religiosa y una afirmación del derecho de todos los hombres a adorar a Dios según los dictados de su propia conciencia". Tal resolución fue abrazada por toda la Alemania evangélica como expresión de su fe. La Reforma era ya imparable porque había "edificado sobre Cristo, y las puertas del infierno no podían prevalecer contra él.

Otro aspecto que me llama poderosamente la atención es que uno de los principios inamovibles de la Reforma es la separación de la Iglesia y el Estado. Mezclar los asuntos espirituales con los intereses materiales tuvo como efecto la corrupción de la iglesia. Los reformadores no estaban dispuestos a volver a cometer semejante error. Lutero escribió: "No temas. La cruz de Cristo hay que llevarla. Más podemos nosotros con nuestras oraciones que todos nuestros enemigos con sus jactancias". Lutero tenía claro que la Reforma triunfaría gracias a Dios y no a las armas del poder secular o político.

PREGUNTAS DE REFLEXIÓN:
1. ¿Qué famosa declaración de protesta hicieron los príncipes reformadores?
2. ¿Cuáles fueron las implicaciones para la relación del estado con la iglesia?
3. ¿Cuáles son las lecciones que extraemos de esta protesta para nosotros hoy día?

12. LA REFORMA EN FRANCIA

Base Bíblica.

"Porque la palabra de Dios es viva y eficaz, y más cortante que cualquier espada de dios filos; penetra hasta partir el alma y el espíritu y las coyunturas y los tuétanos, y es poderosa para discernir los pensamientos y las intenciones del corazón." Hebreos 4:12

GEMA DE REFLEXIÓN:

"Así como los viajeros que son atormentados por la sed se regocijan al llegar a un manantial de agua pura, así recibieron estas almas el mensaje del cielo. Los trabajadores del campo y los artesanos en el taller amenizaban sus trabajos de cada día hablando de las preciosas verdades de la Biblia. De noche, en lugar de reunirse en los despachos de vinos, se congregaban unos en casas de otros para leer la Palabra de Dios y unir sus oraciones y alabanzas. Pronto se notó un cambio muy notable en todas estas comunidades. Aunque formadas de gente de la clase humilde, dedicada al rudo trabajo y carente de instrucción, se ve a en ella el poder de la Reforma, y en la vida de todos se notaba el efecto de la gracia divina que dignifica y eleva. Mansos, amantes y fieles, resultaban ser como un testimonio vivo de lo que el evangelio puede efectuar en aquellos que lo reciben con sinceridad de corazón". C.S. p. 228

COMENTARIO:
Los protagonistas de este capítulo son:
1. Lefevre quien en 1512 descubrió al estudiar la Biblia que "Dios es el que da, por la fe, la justicia, que por gracia nos justifica para la vida eterna".
2. Guillermo Farel que, como devoto romanista, no podía imaginarse que su amada iglesia pudiera estar enseñando cosas contrarias al Evangelio, éste, recibió un mensaje, que supo había llegado del cielo: "La salvación es por gracia".
3. Luis de Barquín, noble francés del que los papistas decían: "Es peor que Lutero". Sin temor a la muerte, este valiente reformador no solo defendía la verdad, sino que atacaba con la misma pasión el error.
4. Juan Calvino surgió como nuevo líder sorpresivo de la verdad reformada

puesto que, como romanista convencido, no podía percibir más verdad que la del papa. Un primo le hizo ver que "no hay más que dos religiones en el mundo: una, que los hombres han inventado, y según la cual se salva el ser humano por medio de ceremonias y buenas obras; la otra es la que está revelada en la Biblia y que enseña al hombre a no esperar su salvación sino de la gracia soberana de Dios".

La predicación de estos hombres desató la persecución en Francia y despertó el odio de la iglesia católica reinante colocando a los Jesuitas y la inquisición en el mapa de las represalias contra estos santos hombres de Dios. A pesar de esos esfuerzos por acallar la verdad desde Francia salieron rayos de luz para todo Europa.

PREGUNTAS DE REFLEXIÓN:
1. ¿Quién fue una de los primeros reformadores franceses?
2. ¿Cuál fue el efecto de la persecución en Francia?
3. ¿Cuáles fueron los resultados de los esfuerzos de Calvino en beneficio de la reforma? Y ¿Qué puedo hacer hoy día para presentar la verdad?

13. EL DESPERTAR DE ESPAÑA

Base Bíblica.

"Y conoceréis la verdad, y la verdad os hará libres." Juan 8:32

> **GEMA DE REFLEXIÓN:**
>
> "A pesar de tan extraordinarios esfuerzos para despojar a los hombres de sus libertades civiles y religiosas, y hasta de la del pensamiento, el ardor del entusiasmo religioso, unido al instinto profundo de la libertad civil, indujo a muchos hombres y mujeres piadosos a aferrarse tenazmente a las enseñanzas de la Biblia y a sostener el derecho que tenían de adorar a Dios según los dictados de su conciencia. De aquí que por España se propagase un movimiento análogo al de la revolución religiosa que se desarrollaba en otros países. Al paso que los descubrimientos que se realizaban en un mundo nuevo prometían al soldado y al mercader territorios sin límites y riquezas fabulosas, muchos miembros de entre las familias más nobles fijaron resueltamente sus miradas en las conquistas más vastas y riquezas más duraderas del evangelio." C.S. p. 254, 255

COMENTARIO:

Un mar de material de la reforma fue difundido en España. No fue tarea fácil para los comerciantes burlar la vigilancia de los agudos sentidos de la Inquisición, quienes hacían cuanto podían para acabar con las doctrinas reformadas con la intención de frenar la ola de literatura que iba inundando el país desde otros lugares como Alemania, Italia o Suiza. Año tras año, se hicieron esfuerzos constantes para abastecer a la gente con Biblias y Testamentos en castellano y con los escritos de los reformadores". Mientras que el contrabando de Biblias y Testamentos iba en aumento, la Inquisición trataba de impedir con redoblada vigilancia que dichos libros llegasen a manos de la gente.

Uno de los protagonistas de este escenario fue Alfonso de Valdés, secretario imperial, quien tuvo la oportunidad de estar presente en Worms en 1521. Allí pudo conocer a Lutero y unos 10 años más tarde tuvo la oportunidad de conocer a Melanchton en Augsburgo. Su exposición a las tesis reformistas hizo que Alfonso fuese condenado como sospechoso de luteranismo. El hermano de Alfonso, Juan de Valdés, fue de los primeros reformadores en utilizar la imprenta para esparcir el conocimiento de la verdad bíblica. Su labor contribuyó grandemente a echar los cimientos del protestantismo en España. Al igual que él muchas otras personas importantes ayudaron a esparcir la verdad en Valladolid o Sevilla.

Son muchos los personajes relevantes que se citan a lo largo de este capítulo que relata el avance de la fe reformada en España; tales como, Juan Pérez, Julián Hernández. A pesar del poder y preeminencia de la Iglesia Católica en España, no se había podido contrarrestar el avance secreto del movimiento protestante. Año tras año se hacía más fuerte al contarse por miles los adherentes a la nueva fe. Se nos explica que los creyentes salían hacia Europa para disfrutar de la libertad religiosa de otros países o para continuar editando materiales escritos que harían llegar de nuevo a España con el fin de seguir proclamando las verdades que llenaban sus corazones. En Sevilla y Valladolid; en Toledo, Valencia, Granada y Murcia, los muchos mártires que murieron en las hogueras de la Inquisición testifican de las dificultades que tuvieron nuestros antepasados para vivir una fe que nosotros podemos disfrutar en libertad.

PREGUNTAS DE REFLEXIÓN:
1. ¿Quiénes fueron los personajes mas destacados de la reforma en España?
2. ¿Qué ciudades fueron mas impactadas por la verdad?
3. ¿Por qué Juan Pérez y Julián Hernández son importantes para la reforma en España?

14. EN LOS PAÍSES BAJOS Y ESCANDINAVIA

Base Bíblica.
"Ten cuidado de ti mismo y de la doctrina; persiste en ello, pues haciendo esto te salvarás a ti mismo y a los que te escuchan." 1 Timoteo 4:16

> **GEMA DE REFLEXIÓN:**
>
> "Así como en los tiempos en que el paganismo procuró aniquilar el evangelio, la sangre de los cristianos era simiente (v ase Tertuliano, Apología, p rr. 50). La persecución no servía más que para aumentar el número de los testigos de la verdad. Año tras año, el monarca enloquecido de ira al comprobar su impotencia para doblegar la determinación del pueblo se ensañaba más y más en su obra de exterminio, pero en vano. Finalmente, la revolución acaudillada por el noble Guillermo de Orange dio a Holanda la libertad de adorar a Dios". C.S. p. 281, 282

COMENTARIO:

En Holanda siempre hubo creyentes fieles que protestaban contra la tiranía papal. Destaca Menno Simonis que, aunque era católico y de ninguna manera quería renunciar a su fe, no tuvo más remedio que hacerlo cuando se encontró con las verdades bíblicas y las contrastó con las enseñanzas tradicionales que él había abrazado. Habiendo renunciado a la Iglesia Romana, Menno viajó por los Países Bajos y el Norte de Alemania con su esposa e hijos para enseñar las verdades que había recibido. Su ministerio duró 25 años y fruto de este "las enseñanzas reformadas" tuvieron una gran aceptación en los Países Bajos.

Otros abanderados de este proyecto de la reforma en los países bajos y Escandinavia fueron hombres como Tausen quien fue "contagiado de luteranismo" y predicó desde el púlpito, así como desde la celda en la que fue colocado antes de que un edicto real ofreciera "protección a los propagadores de la nueva doctrina". Con este edicto, pudo predicar de nuevo en las iglesias donde la gente acudía en masa a oírlo. Se tradujo la Biblia al danés y pronto Dinamarca declaró que aceptaba la fe reformada. El mismo testimonio se nos presenta de Suecia donde Olaf y Lorenzo Petri, favorecidos por el rey, pudieron defender con habilidad la fe reformada frente a los católico-romanos.

El perfil de los hombres que formaban las filas de los reformadores. Podemos leer: "No eran controversistas ruidosos, sectarios o indoctos; lejos de ello. Eran hombres que habían estudiado la Palabra de Dios y eran diestros en el manejo de las armas que les había provisto la armería de la Biblia.

Encontramos aquí hombres de "raza pura" como maestros, pastores, clérigos valientes, que levantaron su voz en el momento oportuno. Que gran lección para nosotros, si ellos pudieron en medio de la persecución ¿qué no podríamos hacer nosotros en la bonanza?

PREGUNTAS DE REFLEXIÓN:
1. ¿Quiénes fueron los abanderados de la reforma en los países bajos?
2. ¿Qué efecto produjo la traducción de la Biblia al danés?
3. ¿Cómo hoy podemos imitar a estos hombres de fe?

15. LA VERDAD PROGRESA EN INGLATERRA

Base Bíblica.
"Lámpara es a mis pies tu palabra y lumbrera a mi camino." Salmos 119:105

> **GEMA DE REFLEXIÓN:**
>
> "El gran principio que sostenían estos reformadores—el mismo que sustentaron los valdenses, Wiclef, Juan Hus, Lutero, Zuinglio y los que se unieron a ellos—era la infalible autoridad de las Santas Escrituras como regla de fe y práctica. Negaban a los papas, a los concilios, a los padres y a los reyes todo derecho para dominar las conciencias en asuntos de religión. La Biblia era su autoridad y por las enseñanzas de ella juzgaban todas las doctrinas y exigencias. La fe en Dios y en su Palabra era la que sostenía a estos santos varones cuando entregaban su vida en la hoguera. "Ten buen ánimo—decía Látimer a su compañero de martirio cuando las llamas estaban a punto de acallar sus voces—, que en este día encenderemos una luz tal en Inglaterra, que, confío en la gracia de Dios, jamás se apagará". C.S. p. 291

COMENTARIO:

ELos animo a profundizar las verdades eternas de este capítulo porque es aquí donde se reafirma la convicción plena de la autoridad de las Sagradas Escrituras; El gran principio que sostenían todos estos reformadores era la infalible autoridad de la Biblia como regla de fe y práctica. En una época donde los papas, los concilios y los reyes dominaban a su antojo las conciencias, la enseñanza de estos reformadores era una revolución sin precedentes. En Escocia, donde el papado se había establecido con fuerza durante cuatro siglos, los fuegos de las hogueras se convirtieron en púlpitos donde la fe reformada fue proclamada con poder.

A la vez que Lutero entregaba la Escritura en alemán a su gente, Tyndale era impulsado por el Espíritu a hacer lo mismo en Inglaterra. Convencido de que el pueblo solo podría abandonar el error mediante el conocimiento de la Biblia, se propuso hacer de la traducción del libro el gran objetivo para su vida. Un doctor papista le dijo: "Mejor sería para nosotros estar sin la ley de Dios que sin la del Papa" a lo que Tyndale contestó que su misión sería la de no permitir que pasaran muchos años antes que "un muchacho que trabaje en el arado" supiese más Biblia que ese doctor. También destacó Juan Knox al que los enemigos de la reforma no pudieron vencer ni con el engaño de los halagos ni intimidarlo con la presión de las amenazas. Oró y peleó las batallas del Señor hasta que Escocia quedó libre del papado.

Tanto Escocia como Inglaterra se convirtieron en amantes de la reforma y la luz del evangelio y la justicia de Cristo brilló suprema en estos dos lugares, En Inglaterra la persecución fue más notoria, las cárceles se comenzaron a llenar con personas sinceras que proclamaron que la Biblia y solo la Biblia debe ser la regla de fe y practica del cristiano.

Años mas tarde, en este escenario, surgen los hermanos Wesley quienes fueron eficientes en la predicación de la justificación por la fe.

valientes, que levantaron su voz en el momento oportuno. Que gran lección para nosotros, si ellos pudieron en medio de la persecución ¿qué no podríamos hacer nosotros en la bonanza?

PREGUNTAS DE REFLEXIÓN:
1. ¿Quiénes destacaron en Inglaterra y Escocia?
2. ¿Hubo en algún momento un adormecimiento de la verdad en Inglaterra? ¿Cuántos años después surge el metodismo?
3. ¿Qué es lo que produjo un reavivamiento en Inglaterra?

16. LA BIBLIA Y LA REVOLUCIÓN FRANCESA

Base Bíblica.

"Porque Dios no envió a su hijo para condenar al mundo sino para que el mundo sea salvo por él. El que cree en él no es condenado; pero el que no cree ya ha sido condenado porque no ha creído en el nombre del unigénito Hijo de Dios. Y esta es la condenación: que la luz ha venido, y los hombres amaron mas las tinieblas que la luz porque sus obras eran malas"
Juan 3:17,18,19

GEMA DE REFLEXIÓN:

"Cuando Francia desechó a Dios y descartó la Biblia públicamente, hubo impíos y espíritus de las tinieblas que se llenaron de júbilo por haber logrado al fin el objeto que por tanto tiempo se habían propuesto: un reino libre de las restricciones de la ley de Dios. Y porque la maldad no era pronto castigada, el corazón de los hijos de los hombres estaba "plenamente resuelto a hacer el mal". Empero la transgresión de una ley justa y recta debía traer inevitablemente como consecuencia la miseria y el desastre. Si bien es verdad que no vino el juicio inmediatamente sobre los culpables, estaban estos labrando su ruina segura. Siglos de apostasía y de crimen iban acumulando la ira para el día de la retribución; y cuando llegaronal colmo de la iniquidad comprendieron los menospreciadores de Dios cuán terrible es agotar la paciencia divina. Fue retirado en gran medida el poder restrictivo del Espíritu de Dios que hubiera sido el único capaz de tener en jaque al poder cruel de Satanás..."
C.S. p. 329, 330

COMENTARIO:

Comienzo esta reflexión con un nudo en la garganta, atragantado por las lágrimas que causan la despiadada furia de satanás que se muestra astuto y manipulador, pero al mismo tiempo con la confianza en un Dios poderoso. Elena White afirma: "Cuando un disfraz del error ha sido descubierto, Satanás le da otro, y la gente lo saluda con el mismo entusiasmo con que acogió el anterior. Cuando el pueblo descubrió que el romanismo era un engaño, y él, Satanás, ya no podía conseguir por ese medio que se violase la ley de Dios, optó entonces por hacerle creer que todas las religiones eran engañosas y la Biblia una fábula; y arrojando lejos de sí los estatutos divinos se entregó a una iniquidad desenfrenada". Así es el enemigo. Astuto y estratega. Pero Dios es más poderoso que Él.

Se quiso acabar con la Palabra de Dios, pero la Biblia "permanece para siempre". Así lo podemos leer en las últimas palabras del capítulo cuando Elena White escribe sobre el incrédulo Voltaire que "dijo con arrogancia en cierta ocasión: "Estoy cansado de oír de continuo que doce hombres establecieron la religión cristiana. Yo he de probar que un solo hombre basta para destruirla". Han transcurrido varias generaciones desde que Voltaire murió y millones de hombres han secundado su obra de propaganda contra la Biblia. Pero lejos de agotarse la circulación del precioso libro, allí donde había cien ejemplares en tiempo de Voltaire hay diez mil hoy día, por no decir cien mil.

Durante siglos Francia estuvo rechazando la luz de la verdad que Dios insistió en hacerles llegar mediante los reformadores. Este rechazo sistemático y radical de la verdad tuvo como consecuencia un fruto que "todo el mundo pudo palpar.

Ni la diosa de la razón, ni el papismo errado, ni el ateísmo, han podido apagar las notas melodiosas de salvación emanados de las paginas de la Biblia como la Palabra de Dios.

PREGUNTAS DE REFLEXIÓN:
1. ¿Qué quiso hacer Satanás en Francia y no pudo hacerlo?
2. ¿Quiénes son los Hugonotes y los Albigenses?
3. ¿Cómo concluye la revolución de Francia?

17. AMÉRICA, TIERRA DE LIBERTAD

Base Bíblica.

"Porque el Señor es el Espíritu; y donde está el Espíritu del Señor, allí hay libertad." 2 Corintios 3:17

GEMA DE REFLEXIÓN:

"Aunque vivían en el destierro y en medio de contratiempos, crecían su amor y su fe; confiaban en las promesas del Señor, el cual no los olvidó en el tiempo de la prueba. Sus ángeles estaban a su lado para animarlos y sostenerlos. Y cuando les parecía ver la mano de Dios señalándoles hacia más allá del mar una tierra en donde podrían fundar un estado, y dejar a sus hijos el precioso legado de la libertad religiosa, avanzaron sin miedo por el camino que la Providencia les indicaba. Dios había permitido que viniesen pruebas sobre su pueblo con el fin de habilitarlo para la realización de los planes misericordiosos que él tenía preparados para ellos. La iglesia había sido humillada para ser después ensalzada. Dios iba a manifestar su poder en ella e iba a dar al mundo otra prueba de que él no abandona a los que en él confían. El había predominado sobre los acontecimientos para conseguir que la ira de Satanás y la conspiración de los malvados redundasen para su gloria y llevaran a su pueblo a un lugar seguro. La persecución y el destierro abrieron el camino de la libertad". C.S. p. 335

COMENTARIO:

Este capítulo nos lleva de Europa a América. En el viejo continente, la reforma se había estancado. Los reformadores ingleses, a pesar de haber renunciado al romanismo, conservaron muchas de sus formas.

La persecución y el destierro daban paso a la libertad. Los peregrinos salieron de Holanda en busca de un hogar en el Nuevo Mundo. Desde el puerto, John Robinson, un pastor que no se uniría al viaje, expresó con tristeza lo que había pasado con el espíritu de la reforma en Europa: "No se puede hacer ir a los luteranos más allá de lo que Lutero vio; [...] y a los calvinistas ya los veis manteniéndose con tenacidad en el punto en que los dejó el gran siervo de Dios que no lo logró ver todo. Es esta una desgracia por demás digna de lamentar..." Estos peregrinos inmigraron con el deseo de tener una libertad religiosa que no habían podido disfrutar en Europa.

Un destacado exponente de esta época fue Roger Williams quien "fue la primera persona del cristianismo moderno que estableció el gobierno civil de acuerdo con la doctrina de la libertad de conciencia, y la igualdad de opiniones ante la ley". Declaró que la libertad es derecho inalienable de todos, cualquiera que fuere su credo y pudo impulsar este principio, a saber, "que cada hombre debía tener libertad para adorar a Dios según el dictado de su propia conciencia". Los principios de libertad civil y religiosa llegaron a ser la piedra angular de la república americana de los Estados Unidos.

PREGUNTAS DE REFLEXIÓN:
1. ¿Cuán importante es establecer la libertad basada en la Biblia?
2. ¿Qué hizo Roger Williams en favor de la libertad?
3. ¿Mantendremos esa libertad por mucho tiempo en el mundo? ¿Cómo afectará eso a la iglesia en los días finales?

18. HERALDOS DE UNA NUEVA ERA

Base Bíblica.

"No se turbe vuestro corazón; creéis en Dios, creed también en mí. En la casa de mi Padre muchas moradas hay: de otra manera os lo hubiera dicho: voy, pues, á preparar lugar para vosotros. Y si me fuere, y os aparejare lugar, vendré otra vez, y os tomaré á mí mismo: para que donde yo estoy, vosotros también estéis." Juan 14:1-3

GEMA DE REFLEXIÓN:

"Una de las verdades más solemnes y gloriosas que revela la Biblia, es la de la segunda venida de Cristo para completar la gran obra de la redención. Al pueblo peregrino de Dios, que por tanto tiempo hubo de morar "en región y sombra de muerte", le es dada una valiosa esperanza inspiradora de alegría con la promesa de la venida de Aquel que es "la resurrección y la vida" para hacer "volver a su propio desterrado". La doctrina del segundo advenimiento es verdaderamente la nota tónica de las Sagradas Escrituras. Desde el día en que la primera pareja se alejara apesadumbrada del Edén, los hijos de la fe han esperado la venida del Prometido que había de aniquilar el poder destructor de Satanás y volverlos a llevar al paraíso perdido. Hubo santos desde los antiguos tiempos que miraban hacia el tiempo del advenimiento glorioso del Mesías como hacia la consumación de sus esperanzas... El patriarca Job, en la lobreguez de su aflicción, exclamaba con confianza inquebrantable: "Pues yo sé que mi Redentor vive, y que en lo venidero ha de levantarse sobre la tierra; [...] aun desde mi carne he de ver a Dios; a quien yo tengo de ver por m í mismo, y mis ojos le mirarán; y ya no como a un extraño". Job 19:25-27". C.S. p. 344

COMENTARIO:

Este capítulo esta marcado por la esperanza de la segunda venida de nuestro Señor Jesucristo, esta bendita esperanza nos ha mantenido firmes y fieles hasta hoy, nos ha unido a través de la historia y nos ha dado la razón para seguir en nuestro camino de peregrinación con fe. Jesús prometió que volvería. Los ángeles repitieron la promesa cuando Él ascendió desde el Monte de los Olivos al cielo. Pablo lo repite una y otra vez y Juan, el profeta de Patmos dice: "¡He aquí que viene con las nubes, y todo ojo le verá!" (Apc.1:7). En torno de su venida se agrupan las glorias de "la restauración de todas las cosas" ... Entonces el reino de paz del Mesías esperado por tan largo tiempo será establecido por toda la tierra.

En este contexto se han cumplido las profecías y señales de su advenimiento como por ejemplo el terremoto de Lisboa en 1755, Veinticinco años después, el 19 de mayo de 1780, apareció la segunda señal mencionada en la profecía: el oscurecimiento del sol y de la luna. Fue el día oscuro en el cual hubo un inexplicable oscurecimiento de todo el cielo visible y atmósfera de Nueva Inglaterra.

Debemos tener cuidado de Ignorar la promesa lo cual implica no prepararse para cuando se cumpla, pero ante la perspectiva de aquel gran día, la Palabra de Dios exhorta a su pueblo del modo más solemne y expresivo a que despierte de su letargo espiritual.

opiniones ante la ley". Declaró que la libertad es derecho inalienable de todos, cualquiera que fuere su credo y pudo impulsar este principio, a saber, "que cada hombre debía tener libertad para adorar a Dios según el dictado de su propia conciencia". Los principios de libertad civil y religiosa llegaron a ser la piedra angular de la república americana de los Estados Unidos.

PREGUNTAS DE REFLEXIÓN:
1. ¿Cuál es nuestra mas grande esperanza?
2. ¿Qué señales hay de su venida?
3. ¿Quiénes deberían ser los heraldos de esta verdad?

19. UNA PROFECÍA SIGNIFICATIVA

Base Bíblica.

"Y me dijo: Estas palabras son fieles y verdaderas; y el Señor, el Dios de los espíritus de los profetas, envió a su ángel para mostrar a sus siervos las cosas que pronto han de suceder. He aquí yo vengo pronto. Bienaventurado el que guarda las palabras de la profecía de este libro." Apocalipsis 22:6,7

GEMA DE REFLEXIÓN:

"Así como Eliseo fue llamado cuando seguía a sus bueyes en el campo, para recibir el manto de la consagración al ministerio profético, así también Guillermo Miller fue llamado a dejar su arado y revelar al pueblo los misterios del reino de Dios. Con temblor dio principio a su obra de conducir a sus oyentes paso a paso a través de los períodos proféticos hasta el segundo advenimiento de Cristo. Con cada esfuerzo cobraba más energía y valor al ver el marcado interés que despertaban sus palabras." C.S. p 378, 379

COMENTARIO:

Destaca en este capítulo Guillermo Miller, agricultor íntegro y de corazón recto, como dice EGW, éste, decidió estudiar las Sagradas Escrituras con profundo interés para analizar las aparentes contradicciones que algunos no creyentes le habían señalado. Empezando por el Génesis y leyendo versículo a versículo, Miller estudiaba a la vez que oraba buscando comprender con la Biblia todo pasaje aparentemente complicado.

Estudió de forma especial los libros de Daniel y el Apocalipsis, siguiendo los mismos principios de interpretación que en los demás libros de la Biblia, y con gran gozo comprobó que los símbolos proféticos podían ser comprendidos. Miller encontró que la venida verdadera y personal de Cristo está claramente enseñada en las Santas Escrituras. Leyó cuidadosamente los pasajes bíblicos que describían cómo sería esta venida y qué eventos, como la resurrección, la acompañarían. Su estudio le hizo llegar a la conclusión de que el período fijado para la subsistencia de la tierra en su estado actual estaba por terminar. Relacionó las profecías con los tiempos e hizo un cómputo de las mismas, aplicando el principio de día por año, encontró que en la profecía de Daniel 8:14 había un tremendo significado en relación a la segunda venida de Cristo.

Miller aceptaba la creencia general que entendía que la tierra es el santuario y dedujo, por consiguiente, que la purificación del santuario predicha en Dn.8:14 representaba la purificación de la tierra con fuego en la Segunda Venida de Cristo. Desconocía que, en realidad, se refería a la purificación del Santuario Celestial del que habla el libro de hebreos. No se puede poner fecha a la Segunda Venida (Marcos 12:32; Mateo 24:36; 2ºPedro 3:10). Sin embargo, la idea de esa inminente Segunda Venida promovió un enorme y necesario despertar espiritual.

Más allá del cómputo profético y la interpretación del evento relacionado con el mismo, lo más bonito fue que los que aceptaron la doctrina del advenimiento vieron la necesidad de arrepentirse y humillarse ante Dios. Nueva vida espiritual se despertó en los creyentes y el Espíritu actuaba con poder entre ellos. La iglesia se estaba preparando para el encuentro con Jesús.

PREGUNTAS DE REFLEXIÓN:
1. ¿Quién fue Guillermo Miller?
2. Lea y reflexione sobre la profecía de los 2,300 días ¿Qué profundo significado tiene esta profecía en el contexto del segundo advenimiento de Cristo?
3. ¿Qué eventos marcaron las señales de la Segunda Venida de Jesús?

20. LUZ A TRAVÉS DE LAS TINIEBLAS

Base Bíblica.
"Tenemos también la palabra profética más segura, a la cual hacéis bien en estar atentos como a una antorcha que alumbra en lugar oscuro, hasta que el día esclarezca y el lucero de la mañana salga en vuestros corazones." Pedro 1:19

GEMA DE REFLEXIÓN:

"Lo que experimentaron los discípulos que predicaron el "evangelio del reino" cuando vino Cristo por primera vez tuvo su contraparte en lo que experimentaron los que proclamaron el mensaje de su segundo advenimiento. Así como los discípulos fueron predicando: "Se ha cumplido el tiempo, y se ha acercado el reino de Dios", así también Miller y sus asociados proclamaron que estaba a punto de terminar el período profético más largo y último de que habla la Biblia, que el juicio era inminente y que el reino eterno iba a ser establecido. La predicación de los discípulos en cuanto al tiempo se basaba en las setenta semanas del capítulo noveno de Daniel. El mensaje proclamado por Miller y sus colaboradores anunciaba la conclusión de los 2.300 d as de Daniel 8:14, de los cuales las setenta semanas forman parte. En cada caso la predicación se fundaba en el cumplimiento de una parte diferente del mismo gran período profético." C.S. p 399, 400.

COMENTARIO:

Los discípulos no comprendieron, pero confiaron; fue durísimo ver a su maestro arrestado como un malhechor, azotado, escarnecido y condenado, y clavado en la cruz del Calvario. "¡Qué desesperación y qué angustia no desgarraron los corazones de esos discípulos durante los días en que su Señor dormía en la tumba!". Qué largo se les hizo aquel sábado mientras que la desconfianza y el dolor destruía sus corazones y rompía sus esperanzas. Pero el Señor iba a recompensar su fe y honrar su obediencia confiándoles la tarea de proclamar a todas las naciones el glorioso evangelio del Señor resucitado. No entendían, pero confiaron.

De la misma manera Miller y sus seguidores confiaron, aunque no entendieron, lo que experimentaron los discípulos que predicaron el "evangelio del reino", cuando vino Cristo por primera, vez tuvo su contraparte en lo que experimentaron los que proclamaron el mensaje de su segundo advenimiento. Como los primeros discípulos, Guillermo Miller y sus colaboradores no comprendieron ellos mismos enteramente el alcance del mensaje que proclamaban. Los errores que existían desde hacía largo tiempo en la iglesia les impidieron interpretar correctamente un punto importante de la profecía. Iban a sufrir un profundo desengaño debido a una falsa comprensión del significado de la profecía que estaban proclamando. Su error fue aceptar la creencia popular relativa a lo que constituye el santuario. Fallaron en su interpretación del Santuario, pero cumplieron el propósito de Dios, El Santuario era la clave. Entender las fases anuales por las que pasaba el Santuario daría luz a la "purificación del Santuario". Por consiguiente, a la comprensión completa del mensaje de Daniel 8:14.

Más allá del cómputo profético y la interpretación del evento relacionado con el mismo, lo más bonito fue que los que aceptaron la doctrina del advenimiento vieron la necesidad de arrepentirse y humillarse ante Dios. Nueva vida espiritual se despertó en los creyentes y el Espíritu actuaba con poder entre ellos. La iglesia se estaba preparando para el encuentro con Jesús.

PREGUNTAS DE REFLEXIÓN:
1. ¿Qué es lo que los discípulos de Jesús no comprendieron?
2. ¿Dónde estaba la confusión de Guillermo Miller en relación al Santuario?
3. ¿Cuál era la clave de la clave para desenredar la confusión?

21. UN GRAN DESPERTAR RELIGIOSO

Base Bíblica.

"Vi a otro ángel que volaba en medio del cielo, que tenía el evangelio eterno para predicarlo a los que habitan en la tierra: a toda nación y raza y lengua y pueblo. Y decía a gran voz: ¡Temed a Dios y denle gloria, porque ha llegado la hora de su juicio; Adoren al que hizo los cielos y la tierra y el mar y las fuentes de las aguas." Apocalipsis 14:6,7

GEMA DE REFLEXIÓN:

"Los que habían esperado a su Salvador con fe sincera, experimentaron un amargo desengaño. Sin embargo, los designios de Dios se estaban cumpliendo: Dios estaba probando los corazones de los que profesaban estar esperando su aparición. Había muchos entre ellos que no habían sido movidos por un motivo m s elevado que el miedo. Su profesión de fe no había mejorado sus corazones ni sus vidas. Cuando el acontecimiento esperado no se realizó, esas personas declararon que no estaban desengañadas; no habían creído nunca que Cristo vendría. Fueron de los primeros en ridiculizar el dolor de los verdaderos creyentes. Pero Jesús y todas las huestes celestiales contemplaron con amor y simpatía a los creyentes que fueron probados y fieles, aunque chasqueados. Si se hubiese podido descorrer el velo que separa el mundo visible del invisible, se habrían visto ángeles que se acercaban a esas almas resueltas y las protegían de los dardos de Satanás." C.S. p 424, p. 399, 400.

COMENTARIO:

En el mensaje de los tres ángeles se hace referencia a la predicación del Evangelio y se lo relaciona con el anuncio de la llegada del juicio. Se dice que este mensaje sería anunciado mundialmente en el "tiempo del fin". Este tiempo, señalado por las profecías de Daniel, coincide con el año en el que el papado perdió la supremacía que había permanecido intacta por los 1260 años marcados por la profecía bíblica. A partir de ese año la profecía, especialmente el libro de Daniel dejaría de estar sellada y habría un énfasis en el estudio de las profecías y la proclamación de la Segunda Venida.

La segunda venida de Cristo se convirtió en la esperanza bienaventurada del cristianismo y proclamada por todo el mundo, una verdad que fue levantada en el momento oportuno por hombres como Joseph Wolf, en 1821, un alemán de origen judío, mostró la inminente venida del Señor de forma parecida a como lo presentaba Miller.

El mensaje del advenimiento se predicó en Inglaterra, en América del Sur donde el jesuita chileno Lacunza, haciéndose pasar por un judío convertido publicaba las verdades de la vuelta de Cristo bajo el seudónimo de "Rabbi Ben-Ezra". En Alemania, el ministro luterano Bengel. En Suiza, Gaussen quedó fascinado por la precisión de la profecía de Daniel 2 y a través de un ministerio especial con los niños, pudo predicar a los padres acerca del advenimiento.

En Estados Unidos, fueron Miller y sus colaboradores los que anunciaban la Segunda Venida por todo el país. Dada la inmediatez del evento y la pasión con la que compartían el mensaje, se nos dice que "siempre que se exponían los argumentos en favor de la próxima venida de Cristo, había grandes multitudes que escuchaban embelesadas. Hoy podemos decir con mas seguridad ¡Cristo viene pronto ¡Amén

PREGUNTAS DE REFLEXIÓN:

1. ¿Quiénes fueron los protagonistas de la predicación de la Segunda Venida de Cristo?

2. ¿Por qué Guillermo Miller y su mensaje es importante para nosotros hoy?

3. ¿A que se debió el despertar religioso de esta verdad?

EL CONFLICTO DE LOS SIGLOS para **Grupos Pequeños**

22. UNA AMONESTACIÓN RECHAZADA

Base Bíblica.

"Y siguió otro ángel, un segundo, diciendo: ¡Ha caído, ha caído Babilonia la grande ¡Todas las naciones habían bebido del vino de la furia de su inmoralidad". Apocalipsis 14:8

GEMA DE REFLEXIÓN:

"A pesar de las tinieblas espirituales y del alejamiento de Dios que se observan en las iglesias que constituyen Babilonia, la mayor a de los verdaderos discípulos de Cristo se encuentran aún en el seno de ellas. Muchos de ellos no han oído nunca proclamar las verdades especiales para nuestro tiempo. No pocos están descontentos con su estado actual y tienen sed de más luz. En vano buscan el espíritu de Cristo en las iglesias a las cuales pertenecen. Como estas congregaciones se apartan más y más de la verdad y se van uniendo más y más con el mundo, la diferencia entre ambas categorías de cristianos se irá acentuando hasta quedar consumada la separación. Llegará el día en que los que aman a Dios sobre todas las cosas no podrán permanecer unidos con los que son "amadores de los placeres, más bien que amadores de Dios; teniendo la forma de la piedad, mas negando el poder de ella". C.S. p 424

COMENTARIO:

EGW, menciona que el propósito de la predicación de Miller era despertar en los creyentes un reavivamiento sobre el advenimiento de Cristo, pero esto lamentablemente no pasó, muchos continuaron en sus creencias erradas y rechazaron la verdad, vivieron cómodamente sin importar la urgencia del mensaje del Segundo Ángel de Apocalipsis 14, El problema fue que los pastores se opusieron a este movimiento y negaron a los miembros de sus iglesias a asistir a las reuniones que hablaban del advenimiento. Poco a poco, los creyentes que veían en la profecía un mensaje relevante y pertinente se vieron obligados a separarse de las que hasta el momento habían sido sus comunidades religiosas. El rechazo al mensaje de preparación por parte de las iglesias tuvo consecuencias. Elena White afirma algo que me llama mucho la atención: "Tal condición no existe nunca sin que la iglesia misma tenga la culpa. Las tinieblas espirituales que caen sobre las naciones, sobre las iglesias y sobre los individuos, no se deben a un retraimiento arbitrario de la gracia divina por parte de Dios, sino a la negligencia o al rechazamiento de la luz divina por parte de los hombres".

La Babilonia infiel como se la consigna en este capítulo es el símbolo de confusión, que no sólo identifica a la iglesia de Roma, sino al protestantismo apóstata. La falsa religiosidad esta de moda, con tal de ocultar los propósitos egoístas y actos de rechazo a la verdad. Hoy se promueve una relación sin compromiso, intrascendente.

Aunque sea controvertida, la siguiente declaración es necesaria: "El espíritu de conformidad con el mundo está invadiendo las iglesias por toda la cristiandad". Se prefiere vivir por las opiniones de los hombres antes que por las claras exhortaciones de la Escritura. La fe religiosa aparece tan confusa y discordante que el pueblo no sabe qué creer ni qué aceptar como verdad. Prediquemos lo que vivimos y vivamos lo que predicamos, esa debe ser nuestra norma porque esa fue la regla de Cristo.

PREGUNTAS DE REFLEXIÓN:
1. ¿Cuál fue el propósito de la predicación de Miller?
2. ¿Cuál es la exhortación de Apocalipsis 14:8 para los creyentes?
3. ¿Por qué debemos salir de la confusión religiosa?

23. PROFECÍAS CUMPLIDAS

Base Bíblica.

"Aunque la higuera no florezca ni en las vides haya fruto, aunque falle el producto del olivo y los campos no produzcan alimento, aunque se acaben las ovejas del redil y no haya vacas en los establos; con todo yo me alegraré en el Señor y me gozaré en el Dios de mi salvación". Habacuc 3: 17,18

GEMA DE REFLEXIÓN:

"Del mismo modo, Miller y sus compañeros cumplieron la profecía y proclamaron un mensaje que la Inspiración había predicho que iba a ser dado al mundo, pero que ellos no hubieran podido dar si hubiesen entendido por completo las profecías que indicaban su contratiempo y que presentaban otro mensaje que debía ser predicado a todas las naciones antes de la venida del Señor. Los mensajes del primer ángel y del segundo fueron proclamados en su debido tiempo, y cumplieron la obra que Dios se había propuesto cumplir por medio de ellos.". C.S. p 456, 457

COMENTARIO:

En los libros de Habacuc y Ezequiel, los creyentes encontraron el consuelo y las indicaciones que estaban buscando. El profeta había dicho: "Aunque por un tiempo la visión tarde en cumplirse, al fin ella hablará y no defraudará. Aunque tarde, espéralo; pues sin duda vendrá y no tardará" (Hab.2:2-3). En Ezequiel leyeron: "Así dice Jehová el Señor: No se dilatará más ninguna de mis palabras; lo que yo dijere se cumplirá" (Ez.12). La Biblia les daba consuelo y les hacía vivir esos momentos con calma.

En cualquier movimiento religioso siempre están presentes aquellos que están dispuestos a "introducir teorías que engañarán a los incautos". En toda la historia de la iglesia, ninguna reforma ha sido llevada a cabo sin encontrar serios obstáculos. Así ocurrió en los días de Pablo y en los días de Lutero cuando "muchos a quienes les faltaba fe y experiencia, pero a quienes les sobraba confianza en sí mismos y a quienes les gustaba oír y contar novedades, fueron engañados por los asertos de los nuevos maestros". Terrible advertencia para nuestros días.

Guillermo Miller no simpatizaba con aquellas influencias que conducían al fanatismo. Declaraba que la Biblia demostraba que los que estaban en

Cristo tenían que producir el fruto de un carácter justo y piadoso, pero los fanáticos se abrieron paso en el movimiento adventista. Elena White declara: "Despierte el pueblo de Dios de su somnolencia y emprenda seriamente una obra de arrepentimiento y de reforma; escudriñe las Escrituras para aprender la verdad tal cual es en Jesús; conságrese por completo a Dios, y no faltarán pruebas de que Satanás está activo y vigilante", fue así que los verdaderos Adventistas encontraron la verdad acerca de la profecía de Daniel 8:14, era realmente una profecía cumplida, solo que no la habían visto sino hasta que se sumieron en oración y profundo estudio de las sagradas escrituras y la verdad sobre la Segunda Venida de Cristo quedaba intacta y en perspectiva para cumplirse, no fue chasco, fue victoria, porque al fin Dios cumplirá con su palabra y nosotros podemos afirmar ¡Cristo viene Pronto; Amén.

PREGUNTAS DE REFLEXIÓN:

1. ¿Cuál fue la reacción de algunos creyentes frente al chasco?

2. ¿Cuál fue la reacción de los verdaderos adventistas frente a esta profecía?

3. ¿Qué podemos hacer con la verdad del mensaje adventista hoy?

EL CONFLICTO DE LOS SIGLOS para **Grupos Pequeños**

24. EL TEMPLO DE DIOS

Base Bíblica.

"Porque Cristo no entró en un lugar santísimo hecho de manos, figura del verdadero, sino en el cielo mismo para presentarse ahora delante de Dios a nuestro favor". Hebreos 9:24

GEMA DE REFLEXIÓN:

"El esplendor incomparable del tabernáculo terrenal reflejaba a la vista humana la gloria de aquel templo celestial donde Cristo nuestro precursor ministra por nosotros ante el trono de Dios. La morada del Rey de reyes, donde miles y miles ministran delante de él, y millones de millones están en su presencia (Daniel 7:10); ese templo, lleno de la gloria del trono eterno, donde los serafines, sus flamantes guardianes, cubren sus rostros en adoración, no podía encontrar en la más grandiosa construcción que jamás edificaran manos humanas, más que un pálido reflejo de su inmensidad y de su gloria. Con todo, el santuario terrenal y sus servicios revelaban importantes verdades relativas al santuario celestial y a la gran obra que se llevaba allá a cabo para la redención del hombre". C.S. p 466

COMENTARIO:

Uno fue el tabernáculo de Moisés y el otro el del Señor. Uno fue levantado por mano de hombre y el otro no. En uno ministraban sacerdotes y en el otro Cristo, "nuestro gran Sumo Sacerdote, quien ministra a la diestra de Dios". Uno de los santuarios estaba en la tierra, el otro está en el cielo. Uno era una réplica del otro: "El esplendor incomparable del tabernáculo terrenal reflejaba a la vista humana la gloria de aquel templo celestial donde Cristo nuestro precursor ministra por nosotros ante el trono de Dios"

Estudiar el modelo terrenal ayudaría a entender el plan de salvación. En primer lugar, el santuario del que hablaba Daniel no podía ser el terrenal puesto que éste había sido destruido ya en el año 70 d.C. La profecía se refería "indudablemente al santuario que está en el cielo" pero quedaba todavía la pregunta más importante por contestar: "¿Qué es la purificación del santuario?". Y aún se podía preguntar más: "¿Puede haber algo que purificar en el cielo?".

Al estudiar el texto de Hebreos 9:22-23: "Según la ley, casi todas las cosas son purificadas con sangre; y sin derramamiento de sangre no hay remisión. Fue pues necesario que las representaciones de las cosas celestiales fuesen purificadas con estos sacrificios, pero las mismas cosas celestiales, con mejores sacrificios que estos". El mejor sacrificio del que habla este pasaje es la preciosa sangre de Cristo. Pablo dice que la razón por la cual esta purificación debe hacerse con sangre es porque sin derramamiento de sangre no hay remisión. La remisión es el acto de quitar los pecados y el Santuario terrenal explicaría perfectamente este tema a los estudiosos de la Biblia.

En 1844 Jesús, nuestro sumo Sacerdote, entró en el lugar Santísimo. Así que los que andaban en la luz de la palabra profética vieron que, en lugar de venir a la tierra al fin de los 2.300 días, en 1844, Cristo entró entonces en el lugar santísimo del santuario celestial para cumplir la obra final de la expiación preparatoria para su venida. El Santuario había sido clave para entender la profecía bíblica.

verdad sobre la Segunda Venida de Cristo quedaba intacta y en perspectiva para cumplirse, no fue chasco, fue victoria, porque al fin Dios cumplirá con su palabra y nosotros podemos afirmar ¡Cristo viene Pronto¡ Amén.

PREGUNTAS DE REFLEXIÓN:
1. ¿Qué es el Santuario?
2. ¿Qué significa la purificación del Santuario?
3. ¿Qué ocurre en 1844 y como podemos explicarlo a la luz de Hebreos 9:22-24?

25. CRISTO NUESTRO ABOGADO

Base Bíblica.

"Y en ningún otro hay salvación, porque no hay otro nombre debajo del cielo, dado a los hombres, en que podamos ser salvos". Hechos 4:12

GEMA DE REFLEXIÓN:

"El asunto del santuario fue la clave que aclaró el misterio del desengaño de 1844. Reveló todo un sistema de verdades, que formaban un conjunto armonioso y demostraban que la mano de Dios había dirigido el gran movimiento adventista, y al poner de manifiesto la situación y la obra de su pueblo le indicaba cuál era su deber de allí en adelante. Como los discípulos de Jesús, después de la noche terrible de su angustia y desengaño, "se gozaron viendo al Señor", así también se regocijaron ahora los que habían esperado con fe su segunda venida. Habían esperado que vendría en gloria para recompensar a sus siervos. Como sus esperanzas fuesen chasqueadas, perdieron de vista a Jesús, y como María al lado del sepulcro, exclamaron: "Se han llevado a mi Señor, y no sé dónde le han puesto". Entonces, en el lugar santísimo, contemplaron otra vez a su compasivo Sumo Sacerdote que debía aparecer pronto como su rey y libertador. La luz del santuario iluminaba lo pasado, lo presente y lo porvenir. Supieron que Dios les había guiado por su providencia infalible. Aunque, como los primeros discípulos, ellos mismos no habían comprendido el mensaje que daban, este había sido correcto en todo sentido. Al proclamarlo habían cumplido los designios de Dios, y su labor no había sido vana en el Señor. Reengendrados "en esperanza viva", se regocijaron "con gozo inefable y glorificado". C.S. p 476.

COMENTARIO:

Cristo intercede aún por el hombre, y luz recibirán aquellos que la busquen. Aunque esto no lo comprendieron al principio los adventistas, les resultó claro después, a medida que los pasajes bíblicos iban haciéndose cada vez más comprensibles. Cuando pasó la fecha fijada para 1844, hubo un tiempo de gran prueba para los que conservaban aún la fe adventista. Su único alivio vino al ver por fe la obra de Cristo en el santuario celestial. "Mientras esperaban, velaban y oraban para conocer la voluntad de Dios, llegaron a comprender que su gran Sumo Sacerdote había empezado a desempeñar otro ministerio y, siguiéndole con fe, fueron inducidos a ver además la obra final de la iglesia".

Que maravilloso abogado tenemos, hoy no estamos ofuscados en colocar fechas para la segunda venida de Jesús, esa no es nuestra meta, hoy podemos comprender claramente la obra de intercesión de Cristo en nuestro favor en el Santuario Celestial. Es muy bueno que entendamos lo que Cristo esta haciendo en el Santuario por nosotros, y al mismo tiempo apropiarnos de esa gracia salvadora para estar listos para su venida, como Pablo lo afirma en hebreos 4:16 "acerquémonos, pues, con confianza al trono de la gracias para que alcancemos misericordia y hallemos gracias para el oportuno socorro", esa es nuestra mas grande esperanza de salvación, esa nuestra mas grande comprensión de lo que Cristo esta haciendo por nosotros.

PREGUNTAS DE REFLEXIÓN:
1. ¿Cuál es la obra que Cristo esta haciendo en el Santuario?
2. Cuándo los adventistas entendieron esta enseñanza, ¿Cómo afectó eso en la predicación del evangelio?
3. ¿Qué va a pasar con aquellos que impunemente rechazan la advertencia y la misericordia de Dios?

26. LOS ESTADOS UNIDOS EN LA PROFECÍA

Base Bíblica.

"¡Aquí está la paciencia de los santos, los que guardan los mandamientos de Dios y tienen la fe de Jesús". Apocalipsis 14:12

> **GEMA DE REFLEXIÓN:**
>
> "En el corazón mismo del Decálogo se encuentra el cuarto mandamiento, tal cual fue proclamado originalmente: "Acuérdate del sábado para santificarlo. Seis días trabajarás y harás toda tu obra, pero el séptimo día es de reposo para Jehová, tu Dios; no hagas en él obra alguna, tú, ni tu hijo, ni tu hija, ni tu siervo, ni tu criada, ni tu bestia, ni el extranjero que está dentro de tus puertas, porque en seis días hizo Jehová los cielos y la tierra, el mar, y todas las cosas que en ellos hay, y reposó en el séptimo día; por tanto, Jehová bendijo el sábado y lo santificó". Éxodo 20:8-11 (RV95)." C.S. p 487.

COMENTARIO:

En el corazón del decálogo encontramos el cuarta mandamiento el cual llevará al mundo a polarizarse entre la verdadera adoración y la falsa, este hecho se verá evidente por aquellos que reciban la marca de la bestia o el sello de Dios, el triple mensaje angélico nos va guiando hacia una comprensión clara de la verdad. El primer mensaje nos muestra la PROCLAMACION del evangelio eterno que implica adorar a Dios y reconocerlo como creador en la institución sagrada del sábado como día de reposo. El segundo Ángel tiene un mensaje de ADVERTENCIA y nos invita a no contaminarnos y salir de Babilonia para no participar de sus pecados. El Tercer mensaje angélico lleva al mundo a una POLARIZACION, o somos o no somos verdaderos hijos de Dios.

Es en el contexto de este triple mensaje angélico que surge Estados Unidos de Norteamérica en el panorama profético; porque los pueblos de Europa obligaron a los verdaderos cristianos a salir de esas tierras y buscar una tierra de libertad y respeto, sin embargo la profecía señala a Estados Unidos como la imagen de la bestia, o sea un país de libertad que se verá cortada por las prácticas de la bestia donde el estado y la iglesia estén unidos para coactar la libertad y de manera sigilosa y sutil ir cambiando los tiempos y la ley. Su apariencia es interesante: "tenía dos cuernos semejantes a los de un cordero". Un gobierno que se fundamenta en la libertad civil y religiosa, la nación norteamericana tuvo como principios fundamentales el republicanismo y el protestantismo. "Los cuernos como de cordero y la voz de dragón del símbolo indican una extraña contradicción entre lo que profesa ser y lo que practica la nación así representada".

Este capítulo merece leerlo con oración y con un estudio profundo de la Biblia. Algunos dicen que a Dios le da igual un día u otro, que al final lo que importa es la sinceridad con la que se hacen las cosas, pero la Biblia es clara. Ella presenta "la más terrible amenaza que haya sido jamás dirigida a los mortales" en relación con el punto que hemos expuesto en este capítulo. Solo hay dos grupos: los que se toman en serio a Dios y los que se dejan llevar por las tradiciones humanas. Ruego a Dios que este importante tema llegue a todos los verdaderos y sinceros hijos de Dios. Ojalá no sean engañados en un tiempo tan importante como este.

PREGUNTAS DE REFLEXIÓN:
1. ¿Cuáles son las características del verdadero pueblo de Dios?
2. ¿Quién es la bestia y cuál es su imagen? Y ¿Por qué?
3. ¿De las razones por que la imagen de la bestia hablará como dragón?

28. LA VERDADERA CONVERSIÓN ES ESCENCIAL.

Base Bíblica.

"Así que, hermanos, os ruego por las misericordias de Dios, que presentéis vuestros cuerpos en sacrificio vivo, santo, agradable a Dios, que es vuestro culto racional. No os conforméis a este siglo, sino transformaos por medio de la renovación de vuestro entendimiento, para que comprobéis cuál sea la buena voluntad de Dios, agradable y perfecta". Romanos 12:1,2.

GEMA DE REFLEXIÓN:

"Los avivamientos populares son provocados demasiado a menudo por llamamientos a la imaginación, que excitan las emociones y satisfacen la inclinación por lo nuevo y extraordinario. Los conversos ganados de este modo manifiestan poco deseo de escuchar la verdad bíblica, y poco interés en el testimonio de los profetas y apóstoles. El servicio religioso que no revista un carácter un tanto sensacional no tiene atractivo para ellos. Un mensaje que apela a la fría razón no despierta eco alguno en ellos. No tienen en cuenta las claras amonestaciones de la Palabra de Dios que se refieren directamente a sus intereses eternos". C.S. 516.

COMENTARIO:

La verdadera conversión que proviene del Espíritu Santo, produce en el corazón del hombre un cambio interior más que exterior, sin embargo las conductas del verdadero cristiano convertido irán acompañadas por un cambio de estilo de vida. Cuando con diligencia buscamos la palabra de Dios y en oración le pedimos al Padre Celestial, que nos ilumine y cambie de acuerdo a su santa voluntad, se produce una verdadera conversión, no basada en sentimientos de lo que otros hacen o dicen, sino por lo que dice la palabra de Dios, es entonces cuando el Espíritu Santo gobierna nuestra mente y nuestro cuerpo.

PREGUNTAS DE REFLEXIÓN:
1. ¿Qué le podemos decir a una persona que nos dice que no quiere bautizarse porque no lo siente?
2. ¿Cuáles son algunas de las manifestaciones exteriores en nuestro estilo de vida, que nos dicen que Dios nos está transformando?
3. ¿Qué ejemplos podemos encontrar en la santa biblia de hombres o mujeres que fueron realmente convertidos?

29. EL JUICIO INVESTIGADOR

Base Bíblica.
"APorque Dios traerá toda obra a juicio, juntamente con toda cosa encubierta, sea buena o sea mala. Eclesiastés 12:14.

> **GEMA DE REFLEXIÓN:**
>
> "Delante de Dios está escrito "un libro de memoria," en el cual quedan consignadas las buenas obras de "los que temen a Jehová, y de los que piensan en su nombre." (Malaquías 3: 16, V.M.) Sus palabras de fe, sus actos de amor, están registrados en el cielo. A esto se refiere Nehemías cuando dice: "¡Acuérdate de mí, oh Dios mío, . . . y no borres mis obras piadosas que he hecho por la Casa de mi Dios!" (Nehemías 13: 14, V.M.) En el "libro de memoria" de Dios, todo acto de justicia está inmortalizado. Toda tentación resistida, todo pecado vencido, toda palabra de tierna compasión, están fielmente consignados, y apuntados también todo acto de sacrificio, todo padecimiento y todo pesar sufridos por causa de Cristo. El salmista dice: "Tú cuentas los pasos de mi vida errante: pon mis lágrimas en tu redoma: ¿no están en tu libro?" (Salmo 56: 8, V.M.) C.S. 535.

COMENTARIO:

La sierva de Dios nos recuerda, que en el rito típico en el pueblo de Israel, solo los que se habían arrepentido ante Dios y confesado sus pecados, y cuyas iniquidades habían sido llevadas al santuario por medio de la sangre del holocausto, podían participar en el servicio del día de expiación. Así que el gran día de expiación final y del juicio, los únicos casos que son considerados son los de aquellos quienes hayan profesado ser hijos de Dios, el juicio investigador empieza primero por la casa de Dios. El juicio para los impíos es una obra distinta que verificará en una fecha posterior. Es tiempo de hacer arreglos con Dios, de un arrepentimiento genuino y completo, cuando llegue el momento que nuestro nombre pase a juicio, nuestra confianza está en Aquel que dio su vida por nosotros, Cristo Jesús.

PREGUNTAS DE REFLEXIÓN:
1. ¿Debemos tener miedo o temor por el juicio investigador?
2. ¿Alguien puede saber cuando su nombre será considerado para el juicio?
3. ¿Cuánta confianza nos da saber que si nos hemos arrepentido de todo corazón y aceptado a Cristo como nuestro salvador, nada debemos temer?

30. EL JUICIO INVESTIGADOR (PARTE 2)

Base Bíblica.
" Y Josué estaba vestido de vestiduras viles, y estaba delante del ángel. Y habló el ángel, y mandó a los que estaban delante de él, diciendo: Quitadle esas vestiduras viles. Y a él le dijo: Mira que he quitado de ti tu pecado, y te he hecho vestir de ropas de gala. Zac. 3:3 y 4.

GEMA DE REFLEXIÓN:

"Todo el más profundo interés manifestado entre los hombres por los fallos de los tribunales terrenales no representa sino débilmente el interés manifestado en los atrios celestiales cuando los nombres inscritos en el libro de la vida desfilen ante el Juez de toda la tierra. El divino Intercesor aboga por que a todos los que han vencido por la fe en su sangre se les perdonen sus transgresiones, a fin de que sean restablecidos en su morada edénica y coronados con él coherederos del "señorío primero." (Miqueas 4: 8.) Con sus esfuerzos para engañar y tentar a nuestra raza, Satanás había pensado frustrar el plan que Dios tenía al crear al hombre, pero Cristo pide ahora que este plan sea llevado a cabo como si el hombre no hubiese caído jamás. Pide para su pueblo, no sólo el perdón y la justificación, plenos y completos, sino además participación en su gloria y un asiento en su trono". C.S. 538.

COMENTARIO:
Como seres humanos pecadores, nos preocupa lo que hemos hecho, porque somos concientes de nuestra pecaminosidad y fragilidad, los pensamientos nos asaltan al recordar nuestras faltas pasadas y presentes; sin embargo, nada hay que temer pàra los que hemos aceptado a Cristo como redentor y salvador. Nuestro amado Maestro, intercede por nosotros en el juicio, no reclama que somos sin pecado, pues él nos conoce a cabalidad, sino que presenta su propio sacrificio a favor de nosotros, y aunque pecadores e imperfectos, por sus méritos somos vistos por el cielo como si nunca hubieramos pecado. Somos perdonados solo por su gracia, sin mérito humano.

PREGUNTAS DE REFLEXIÓN:
1. ¿Por qué no debemos temer el juicio aunque sabemos que somos culpables?
2. ¿Cuántos pecados se nos pueden perdonar?
3. ¿Siendo que Cristo nos perdona, podemos seguir pecando sin ninguna preocupación?

31. EL ORIGEN DEL MAL Y DEL DOLOR

Base Bíblica.

"Vinieron entonces los siervos del padre de familia y le dijeron: Señor, ¿no sembraste buena semilla en tu campo? ¿De dónde, pues, tiene cizaña? Él les dijo: Un enemigo ha hecho esto. Y los siervos le dijeron: ¿Quieres, pues, que vayamos y la arranquemos?" Mateo 13:27 y 28.

GEMA DE REFLEXIÓN:

"Para muchos el origen del pecado y el por qué de su existencia es causa de gran perplejidad. Ven la obra del mal con sus terribles resultados de dolor y desolación, y se preguntan cómo puede existir todo eso bajo la soberanía de Aquel cuya sabiduría, poder y amor son infinitos. Es esto un misterio que no pueden explicarse. Y su incertidumbre y sus dudas los dejan ciegos ante las verdades plenamente reveladas en la Palabra de Dios y esenciales para la salvación. Hay quienes. En sus investigaciones acerca de la existencia del pecado, tratan de inquirir lo que Dios nunca reveló; de aquí que no encuentren solución a sus dificultades; y los que son dominados por una disposición a la duda y a la cavilación lo aducen como disculpa para rechazar las palabras de la Santa Escritura. Otros, sin embargo, no se pueden dar cuenta satisfactoria del gran problema del mal, debido a la circunstancia de que la tradición y las falsas interpretaciones han obscurecido las enseñanzas de la Biblia referentes al carácter de Dios, la naturaleza de su gobierno y los principios de su actitud hacia el pecado". C.S. 546.

COMENTARIO:

El espíritu de discodía que el enemigo de Dios inspiró en el cielo con los ángeles, es el mismo que imparte en la tierra, cuando el sufrimiento, el dolor, la enfermedad y la tragedia asoma a los hombres, satanás induce sus mentes a pensar que es culpa de Dios, llevando así a las personas que no concen las grandes verades del amor de Dios, lejos de él; hundiendo a la raza humana en la deseperanza y la misiria. Pero pronto, muy pronto el juez de la tierra vendrá para dsesenmascarlo y darle su justo pago. Pero a los hijos de Dios que confiaron en su palabra, serán recogidos como trigo para el granero celestial y vivirán con su Señor para siempre. Tengamos ánimo, Cristo es el autor del amor y la felicidad no del dolor y el sufrimiento.hubieramos pecado. Somos perdonados solo por su gracia, sin mérito humano.

PREGUNTAS DE REFLEXIÓN:
1. ¿Si Dios es un Dios de amor por que permite el sufrimiento?
2. ¿Dónde está Dios cuando sus hijos sufren?
3. ¿Cuándo terminará el sufrimiento?

32. EL PEOR ENEMIGO DEL HOMBRE

Base Bíblica.
"Por lo demás, hermanos, todo lo que es verdadero, todo lo honesto, todo lo justo, todo lo puro, todo lo amable, todo lo que es de buen nombre; si hay virtud alguna, si algo digno de alabanza, en esto pensad". Filipenses 4:8.

GEMA DE REFLEXIÓN:

"El tentador obra a menudo con el mayor éxito por intermedio de los menos sospechosos de estar bajo su influencia. Se admira y honra a las personas de talento y de educación, como si estas cualidades pudiesen suplir la falta del temor de Dios o hacernos dignos de su favor. Considerados en sí mismos, el talento y la cultura son dones de Dios; pero cuando se emplean para substituir la piedad, cuando en lugar de atraer al alma a Dios la alejan de él, entonces se convierten en una maldición y un lazo. Es opinión común que todo lo que aparece amable y refinado debe ser, en cierto sentido, cristiano. No hubo nunca error más grande. Cierto es que la amabilidad y el refinamiento deberían adornar el carácter de todo cristiano, pues ambos ejercerían poderosa influencia en favor de la verdadera religión; pero deben ser consagrados a Dios, o de lo contrario son también una fuerza para el mal. Muchas personas cultas y de modales afables que no cederían a lo que suele llamarse actos inmorales, son brillantes instrumentos de Satanás. Lo insidioso de su influencia y ejemplo los convierte en enemigos de la causa de Dios más peligrosos que los ignorantes". C.S. 563.

COMENTARIO:
El ser humano está contaminado por el pecado, desde que nace su naturaleza ya tiene la tendencia a pecar, solo cuando Cristo lo encuentra empieza una lucha por la transformación de su carácter, una pugna que termina solo con la muerte. Por un lado puede cargarse hacia el orgullo, la vanidad y exaltación propia; productos naturales en el ser humano, pero cuando se cultivan más con los elogios y la adulación, llegan a ser un arma mortal para el hombre, sin embargo la falsa piedad y la aparente amabilidad también pueden constituirse en un orgullos santo, tanto para el que lo práctica como

para el que lo admira. Nuestra única garantia es depositar todo logro y todo don bueno a los pies del Señor y reconocer que no somos nosotros sino es él actuando en nosotros. Demos toda gloria y honra a nuestro Dios, solo es digno de suprema alabanza.

PREGUNTAS DE REFLEXIÓN:
1. ¿Quién es el peor enemigo del hombre?
2. ¿Cómo podemos vencer la tendencia natural a querer recibir reconocimiento y adulación?
3. ¿Es bueno darle muchos elogios a una persona que nos parece tan buena?

33. ¿QUIÉNES SON LOS ÁNGELES?

Base Bíblica.
"¿No son todos espíritus ministradores, enviados para servicio a favor de los que serán herederos de la salvación?" Hebreos 1:14.

> **GEMA DE REFLEXIÓN:**
>
> Cada discípulo de Cristo tiene su ángel guardián respectivo. Estos centinelas celestiales protegen a los justos del poder del maligno. Así lo reconoció el mismo Satanás cuando dijo: "Teme Job a Dios de balde? ¿No le has tu cercado a él y a su casa, y a todo lo que tiene en derredor" (Job 1: 9, 10.) El medio de que Dios se vale para proteger a su pueblo está indicado en las palabras del salmista: "El ángel de Jehová acampa en derredor de los que le temen, y los defiende." (Salmo 34: 7.) Hablando de los que creen en él, el Salvador dijo: "Mirad no tengáis en poco a alguno de estos pequeños; porque os digo que sus ángeles en los cielos ven siempre la faz de mi Padre." (S. Mateo 18: 10.) Los ángeles encargados de atender a los hijos de Dios tienen: a toda hora acceso cerca de él. Así que, aunque expuesto al poder engañoso y a la continua malicia del príncipe de las tinieblas y en conflicto con todas las fuerzas del mal, el pueblo de Dios tiene siempre asegurada la protección de los ángeles del cielo. Y esta protección no es superflua. Si Dios concedió a sus hijos su gracia y su amparo, es porque deben hacer frente a las temibles potestades del mal, potestades múltiples, audaces e incansables, cuya malignidad y poder nadie puede ignorar o despreciar impunemente. C.S. 567.

COMENTARIO:

Si pudiéramos descorrer el velo del mundo visible ante el mundo invisible, podríamos mirar como el siervo de Eliseo, poderosos ángeles del cielo cuidando a los hijos de Dios. Que paz da para los que confiamos en el Padre Eterno, que él tiene cuido de nosotros, sus ángeles buenos siempre están cuidándonos y ayudándonos en cada una de nuestras pruebas, cuando estemos en el cielo podremos conocer a nuestro amado ángel guardían, tendremos la oportunidad de dialogar con él, y preguntarle por todas nuestras visisitudes y temores por los que atravesamos en este mundo, quedaremos sorprendidos del tierno cuidado que nos brindaron a cada paso de nuestra vida. nuestro Dios, solo es digno de suprema alabanza.

PREGUNTAS DE REFLEXIÓN:
1. ¿Has experimentado la presencia y el cuidado de tu buen ángel?
2. ¿Qué te dice a ti el hecho de que Dios te cuide tanto?
3. ¿Desearías conocer a tu ángel guardían?

34. LAS ASECHANZAS DEL ENEMIGO

Base Bíblica.

"Porque no tenemos lucha contra sangre y carne, sino contra principados, contra potestades, contra los gobernadores de las tinieblas de este siglo, contra huestes espirituales de maldad en las regiones celestes". Efesios 6:12.

GEMA DE REFLEXIÓN:

Bien sabe Satanás que todos aquellos a quienes pueda inducir a descuidar la oración y el estudio de las Sagradas Escrituras serán vencidos por sus ataques. De aquí que invente cuanta estratagema le es posible para tener las mentes distraídas. Siempre ha habido una categoría de personas que profesan santidad, y que en lugar de procurar crecer en el conocimiento de la verdad, hacen consistir su religión en buscar alguna falta en el carácter de aquellos con quienes no están de acuerdo, o algún error en su credo. Son los mejores agentes de Satanás. Los acusadores de los hermanos no son pocos; siempre son diligentes cuando Dios está obrando y cuando sus hijos le rinden verdadero homenaje. Son ellos los que dan falsa interpretación a las palabras y acciones de los que aman la verdad y la obedecen. Hacen pasar a los más serios, celosos y desinteresados siervos de Cristo por engañados o engañadores. Su obra consiste en desnaturalizar los móviles de toda acción buena y noble, en hacer circular insinuaciones malévolas y despertar sospechas en las mentes poco experimentadas. Harán cuanto sea imaginable porque aparezca lo que es puro y recto como corrupto y de mala fe. C.S. 573.

COMENTARIO:

El enemigo de Dios se presenta siempre con ataques sutiles, sabe muy bien que si actuara abiertamente los hombres huirían, pero en lugar de eso, utiliza todas las estratagemas que ha inventado en miles de años para hacer caer al hombre, durante todo el tiempo experimenta con la mente humana para presentarle nuevas formas de desconfiar de Dios, fabulas, diversión, ciencia alejada del creador, filosofías contrarias al gobierno de Dios y muchas otras estrategias. La persona que se aventura a pasar un día sin oración y el estudio de la biblia, es presa facil del enemigo, nuestra única salvaguarda es presentar un "así está escrito" con la confianza plena en nuestro amado Jesús, aunque las cosas externas parecieran que no se puede confiar. Puestos los ojos en el autor y consumador de nuestra fe, Cristo Jesús.

PREGUNTAS DE REFLEXIÓN:
1. ¿Es fácil tener una vida de oración?
2. ¿Cuántos distractores te ha puesto el enemigo para no tener tiempo de estudiar su palabra?
3. ¿Cómo podemos confiar aún cuando la ciencia diga que estamos equivocados?

35. EL MISTERIO DE LA INMORTALIDAD

Base Bíblica.
El que tiene al Hijo, tiene la vida; el que no tiene al Hijo de Dios no tiene la vida. 1 Juan 5:12.

> **GEMA DE REFLEXIÓN:**
>
> "La inmortalidad prometida al hombre a condición de que obedeciera, se había perdido por la transgresión. Adán no podía transmitir a su posteridad lo que ya no poseía; y no habría quedado esperanza para la raza caída, si Dios, por el sacrificio de su Hijo, no hubiese puesto— la inmortalidad a su alcance. Como "la muerte así pasó a todos los hombres, pues que todos pecaron,"Cristo "sacó a la luz la vida y la inmortalidad por el evangelio." (Romanos 5: 12; 2 Timoteo 1: 10.) Y sólo por Cristo puede obtenerse la inmortalidad. Jesús dijo: "El que cree en el Hijo, tiene vida eterna, más el que es incrédulo al Hijo, no verá la vida." (S. Juan 3: 36.) Todo hombre puede adquirir un bien tan inestimable si consiente en someterse a las condiciones necesarias. Todos "los que perseverando en bien hacer, buscan gloria y honra e inmortalidad," recibirán "la vida eterna." (Romanos 2: 7.) ...Si al hombre, después de su caída, se le hubiese permitido tener libre acceso al árbol de la vida, habría vivido para siempre, y así el pecado habría inmortalizado". C.S. 588.

COMENTARIO:
La inmortalidad era condicional a la obediencia a Dios para la raza humana, desde el momento en que Adán y Eva pecaron, la inmortalidad para el hombre se perdió. Pero Cristo vino a devolvernos la oportunidad de vivir por la eternidad, su muerte en la cruz, el pago de nuestras faltas por su sacrificio, abrieron el camino para regresar al plan original de Dios, es decir la inmortalidad. Sin embargo el enemigo de Dios ha hecho creer a millones, que el hombre vive después de la muerte, dando así una falsa inmortalidad, satanas utiliza la misma estratagema que usó con Eva al decirle: "no moriréis", la doctrina de la inmortalidad del alma es una

mentira de satanas, pero Cristo nos recuerda, que él es la vida; y todo aquel que le acepta como Dios y salvador, tiene también vida eterna.

PREGUNTAS DE REFLEXIÓN:
1. ¿Cuál es el único camino para que el hombre sea inmortal?
2. ¿Adán y Eva siguen viviendo? ¿Y si no es así, entonces satanás les engaño al decirles, "no moriréis"?
3. ¿Qué nos dice la resurrección de Lazaro por parte de Jesús?

EL CONFLICTO DE LOS SIGLOS para **Grupos Pequeños**

36. ¿PUEDEN HABLARNOS NUESTROS MUERTOS?

Base Bíblica.

"Porque los que viven saben que han de morir; pero los muertos nada saben, ni tienen más paga; porque su memoria es puesta en olvido". Eclesiatés 9:5.

GEMA DE REFLEXIÓN:

"La doctrina de que el hombre queda consciente en la muerte, y más aún la creencia de que los espíritus de los muertos vuelven para servir a los vivos, preparó el camino para el espiritismo moderno... Después que Satanás ha hecho creer a esas personas que los muertos vuelven en realidad a comunicarse con ellas, hace aparecer a seres humanos que murieron sin preparación. Estos aseguran que son felices en el cielo y hasta que ocupan allí elevados puestos, por lo que se difunde el error de que no se hace diferencia entre los justos y los injustos. Esos supuestos visitantes del mundo de los espíritus dan a veces avisos y advertencias que resultan exactos. Luego que se han ganado la confianza, presentan doctrinas que de hecho destruyen la fe en las Santas Escrituras. Aparentando profundo interés por el bienestar de sus amigos en la tierra, insinúan los errores más peligrosos. El hecho de que dicen algunas verdades y pueden a veces anunciar acontecimientos da a sus testimonios una apariencia de verosimilitud; y sus falsas enseñanzas son aceptadas por las multitudes con tanta diligencia y creídas tan a ciegas, como si se tratara de las verdades más sagradas de la Biblia. Se rechaza la ley de Dios, se desprecia al Espíritu de gracia y se considera la sangre de la alianza como cosa profana. Los espíritus niegan la divinidad de Cristo y hasta ponen al Creador en el mismo nivel que ellos mismos. Bajo este nuevo disfraz el gran rebelde continúa llevando adelante la guerra que empezó en el cielo y que se prosigue en la tierra desde hace unos seis mil años. C.S. 607,608. inmortalizado". C.S. 588.

COMENTARIO:

"Las escrituras son categóricas al decir "que los muertos nada saben". Pero el enemigo de las almas, alimenta estrategias para que el hombre que no conoce la palabra de Dios caiga en la trampa de la inmortalidad del alma, de esta manera, muchos viven sin preocupación alguna por arrepentirse antes de morir, pensando que si mueren, sus familiares rogararán y rezarán para que sus almas sean rescatadas del purgatorio y llevadas al cielo, otros creen que irán directamente al paraiso para interceder por sus familiares terrenales, o peor aún, que podrán venir a visitarles. Toda esta enseñanza es diabolica, atrapa al pecador en una falsa enseñanza, de manera que cuando la muerte viene, están perdidos para siempre. Los muertos no hablan, pero satanás sí, y se hace pasar por algún difunto que regresa. Nuestra única salvaguarda es confiar plenamente en la palabra de Dios y no caer en esta enseñanza fatal".

PREGUNTAS DE REFLEXIÓN:

1. ¿Si los muerto no hablan, quién entonces habla cuando se consulta a los muertos?

2. ¿El hombre tiene cuerpo, alma y espíritu?

3. ¿Quién es el único que puede levantarnos de los muertos?

37. LA LIBERTAD DE CONCIENCIA AMENAZADA.

Base Bíblica.

"Yo Juan soy el que oyó y vio estas cosas. Y después que las hube oído y visto, me postré para adorar a los pies del ángel que me mostraba estas cosas. Pero él me dijo: Mira, no lo hagas; porque yo soy consiervo tuyo, de tus hermanos los profetas, y de los que guardan las palabras de este libro. Adora a Dios". Apoc. 22:8 y 9.

GEMA DE REFLEXIÓN:

"El hecho de que la iglesia asevere tener el derecho de perdonar pecados induce a los romanistas a sentirse libres para pecar; y el mandamiento de la confesión sin la cual ella no otorga su perdón, tiende además a dar bríos al mal. El que se arrodilla ante un hombre caído y le expone en la confesión los pensamientos y deseos secretos de su corazón, rebaja su dignidad y degrada todos los nobles instintos de su alma. Al descubrir los pecados de su alma a un sacerdote —mortal desviado y pecador, y demasiado a menudo corrompido por el vino y la impureza— el hombre rebaja el nivel de su carácter y consecuentemente se corrompe. La idea que tenía de Dios resulta envilecida a semejanza de la humanidad caída, pues el sacerdote hace el papel de representante de Dios. Esta confesión degradante de hombre a hombre es la fuente secreta de la cual ha brotado gran parte del mal que está corrompiendo al mundo y lo está preparando para la destrucción final. Sin embargo, para todo aquel a quien le agrada satisfacer sus malas tendencias, es más fácil confesarse con un pobre mortal que abrir su alma a Dios. Es más grato a la naturaleza humana hacer penitencia que renunciar al pecado; es más fácil mortificar la carne usando cilicios, ortigas y cadenas desgarradoras que renunciar a los deseos carnales. Harto pesado es el yugo que el corazón carnal está dispuesto a cargar antes de doblegarse al yugo de Cristo". C.S. 623, 624.

COMENTARIO:

El único que merece la honra y gloria es el Padre Celestial, los ángeles del cielo reverentemente le adoran, el mismo ángel le dice al apóstol Juan; "no me adores, adora a Dios". Los que conociendo la palabra de Dios se inclinan ante un hombre para confesar sus pecados, atan su conciencia a un simple mortal. La institución religiosa que predica que los hombres se confiesen ante otros hombre para el perdón de sus pecados, le quitan el honor a Cristo, el único que puede perdonar los pecados y como consecuencia violan la mente de los hombres, colocandose en lugar de Dios.

PREGUNTAS DE REFLEXIÓN:

1. ¿Son relamente perdonados los pecados confesados ante un hombre?
2. ¿Quién dice la biblia que es mi abogado y puede perdonar mis pecados?
3. La biblia dice que debemos adorar solo a Dios ¿Cuándo me inclino ante un hombre para solicitar me perdone, le estoy adorando?

38. LA LIBERTAD DE CONCIENCIA AMENAZADA. (PARTE 2)

Base Bíblica.
"Porque se levantarán falsos Cristos, y falsos profetas, y harán grandes señales y prodigios, de tal manera que engañarán, si fuere posible, aun a los escogidos". Mateo 24:24

GEMA DE REFLEXIÓN:

"La iglesia católica le pone actualmente al mundo una cara apacible, y presenta disculpas por sus horribles crueldades. Se ha puesto vestiduras como las de Cristo; pero en realidad no ha cambiado. Todos los principios formulados por el papismo en edades pasadas subsisten en nuestros días. Las doctrinas inventadas en los siglos más tenebrosos siguen profesándose aún. Nadie se engañe. El papado que los protestantes están ahora tan dispuestos a honrar, es el mismo que gobernaba al mundo en tiempos de la Reforma, cuando se levantaron hombres de Dios con peligro de sus vidas para denunciar la iniquidad de él. El romanismo sostiene las mismas orgullosas pretensiones con que supo dominar sobre reyes y príncipes y arrogarse las prerrogativas de Dios. Su espíritu no es hoy menos cruel ni despótico que cuando destruía la libertad humana y mataba a los santos del Altísimo". C.S. 627.

COMENTARIO:
El tiempo se aproxima y será rápido y vertiginoso, cuando los acontecimientos finales de la historia de este mundo se desencaden al punto de cumplir las profecías bíblicas, entonces surgirá el mimo espíritu de ambisión idolátrica de parte del romanísmo, querran imponer por la fuerza la adoración en un falso día, y aun falso dios, entonces las conciencias de los más débiles no serán capaces de resistir la prueba, traicionando así su conciencia de libre adbedrío, será entonces cuando aún los fieles bajo las presiones de Roma, quizá traicionen a su Maestro, es momento de aferrarce a Cristo con toda las fuerzas de la fe, para permanecer firmes.

EL CONFLICTO DE LOS SIGLOS para **Grupos Pequeños**

PREGUNTAS DE REFLEXIÓN:
1. ¿Hasta donde podemos convivir con los creyentes de adoradores de ídolos y falsas docrinas sin quebrantar nuestras conciencias?
2. ¿Es correcto denunciar abiertamente sin temor a nada lo que realmente es el catolisísmo, incluyendo la designación de bestia?
3. ¿Cómo podemos ser más eficaces en presentar la verdad, sin herir la suceptibilidad de los demás, pero rescatando vidas para salvación?

39. EL CONFLICTO INMINENTE.

Base Bíblica.
"Vestíos de toda la armadura de Dios, para que podáis estar firmes contra las asechanzas del diablo". Efesios 6:11.

> **GEMA DE REFLEXIÓN:**
> "La línea de separación entre los que profesan ser cristianos y los impíos es actualmente apenas perceptible. Los miembros de las iglesias aman lo que el mundo ama y están listos para unirse con ellos; Satanás tiene resuelto unirlos en un solo cuerpo y de este modo robustecer su causa atrayéndolos a todos a las filas del espiritismo. Los papistas, que se jactan de sus milagros como signo cierto de que su iglesia es la verdadera, serán fácilmente engañados por este poder maravilloso, y los protestantes, que han arrojado de sí el escudo de la verdad, serán igualmente seducidos. Los papistas, los protestantes y los mundanos aceptarán igualmente la forma de la piedad sin el poder de ella, y verán en esta unión un gran movimiento para la conversión del mundo y el comienzo del milenio tan largamente esperado". C.S. 646.

COMENTARIO:
El conflicto más grande se desarrolla en el interior del hombre, es la mente del hombre donde satanás lucha para que éste se olvide de la santa ley de Dios, relaje sus normas y viva y conviva con los mundanos sin ninguna diferencia. Por supuesto, Dios nos manda a ser la sal de la tierra, debemos ser corteses con todos, educados y con espíritu de servicio a los demás, de manera que las personas sean atraídas a la verdad por el testimonio de los hijos de Dios, pero debemos ser muy prudentes para no caer en sus falsas adoraciones de ídolos y falsas enseñanzas. Mientras vivimos en el mundo, nuestro escudo debiera ser "un así dice Jehová". Evangelicemos con la convicción que Dios va al frente de nosotros.

PREGUNTAS DE REFLEXIÓN:
1. ¿Cómo puedo evitar ser mi propia conciencia de las cosas mundanas y dejar que Dios me guíe con "un así está escrito?
2. ¿Cuán inmerso está mi hogar en el espiritísmo mediante los aparentes progrmas inofensivos de la televisión?
3. ¿Son los aparentes milagros una prueba de la verdadera fe y la verdadera iglesia?

40. EL CONFLICTO INMINENTE (PARTE 2)

Base Bíblica.

"Y les di también mis días de reposo, para que fuesen por señal entre mí y ellos, para que supiesen que yo soy Jehová que los santifico". Ezequiel 20:12

GEMA DE REFLEXIÓN:

"Los que honran el sábado de la Biblia serán denunciados como enemigos de la ley y del orden, como quebrantadores de las restricciones morales de la sociedad, y por lo tanto causantes de anarquía y corrupción que atraen sobre la tierra los altos juicios de Dios. Sus escrúpulos de conciencia serán presentados como obstinación, terquedad y rebeldía contra la autoridad. Serán acusados de deslealtad hacia el gobierno. Los ministros que niegan la obligación de observar la ley divina predicarán desde el púlpito que hay que obedecer a las autoridades civiles porque fueron instituídas por Dios. En las asambleas legislativas y en los tribunales se calumniará y condenará a los que guardan los mandamientos. Se falsearán sus palabras, y se atribuirán a sus móviles las peores intenciones". C.S. 649.

COMENTARIO:

Los costos por obedecer los mandamientos de Dios hasta ahora, han sido relativamente llevaderos para nuestra generación, especialmente con la observancia del cuarto mandamiento, la observancia del sábado como día de reposo, la pérdida de un trabajo; pero encontramos otro, problemas en los colegios no adventistas por la intolerancia religiosa, entre otros. Sin embargo la biblia enseña que, llegará el tiempo cuando obedecer a Dios será convertirnos en enemigos públicos, personas detestables como si hubiésemos cometido el peor de los crímenes, no habrá ley que nos proteja, pues quien debiera hacerlo, estará al servicio del poder opresor contra los hijos de Dios. ¿Pero, debemos temer? De ninguna manera, pues será el momento de dar la cara por Dios como fieles seguidores, el Señor nos dará la fuerza y valentía para representarlo dignamente, a fin de ser testimonio para muchos que todavía puedan ser salvos. Como dice el apóstol; "es mejor obedecer a Dios antes que a los hombres", con Dios la victoria ya está asegurada.

PREGUNTAS DE REFLEXIÓN:
1. ¿Cómo nos prepara ser fieles ahora en la observancia del sabado, ante pruebas que no son tan severas?
2. ¿Qué significa descansar en el día sábado?
3. ¿Por qué es necesario congregarnos en la iglesia para adorar en el día sábado?

41. NUESTRA ÚNICA SALVAGUARDÍA

Base Bíblica.

"Escudriñad las Escrituras; porque a vosotros os parece que en ellas tenéis la vida eterna; y ellas son las que dan testimonio de mí". Juan 5:39.

> **GEMA DE REFLEXIÓN:**
>
> "Pero Dios tendrá en la tierra un pueblo que sostendrá la Biblia y la Biblia sola, como piedra de toque de todas las doctrinas y base de todas las reformas. Ni las opiniones de los sabios, ni las deducciones de la ciencia, ni los credos o decisiones de concilios tan numerosos y discordantes como lo son las iglesias que representan, ni la voz de las mayorías, nada de esto, ni en conjunto ni en parte, debe ser considerado como evidencia en favor o en contra de cualquier punto de fe religiosa. Antes de aceptar cualquier doctrina o precepto debemos cerciorarnos de si los autoriza un categórico "Así dice Jehová." C.S. 653

COMENTARIO:

Dios siempre ha tenido un pueblo pequeño sobre la tierra dispuesto a obedecerle, no son la mayoría, a través de las generaciones el Señor ha tenido a hombres que lo representan, muchos de ellos mal comprendidos, perseguidos, abandonados, asesinados, pero siempre dispuestos a proclama la verdad de Dios tal cual. A medida que nos acercamos al fin del mundo, la verdad se vuelve relativa para la mayoría, cada quien interpreta que es bueno o malo dependiendo de su filosofía de vida, pero los hijos de Dios, tienen un código inmutable para saber que es verdad y que es mentira: "la santa palabra de Dios", ella es su guía en medio de la oscuridad e ignorancia, cuando se tenga que dar prueba de la verdad eterna, los hijos de Dios siempre responderán con un "Así esta escrito.

PREGUNTAS DE REFLEXIÓN:
1. ¿Siendo que la biblia ha sido escrita hace muchos años, será la biblia que tenemos hoy copia fiel de los escritos originales?
2. ¿Cómo el Espíritu Santo ha preservado la pureza de las escrituras a través de las edades?
3. ¿Puede algún hombre o institución, alterar, quitar o aumentar el contenido de la santa biblia?

42. NUESTRA ÚNICA SALVAGUARDIA (PARTE 2)

Base Bíblica.

"Y que desde la niñez has sabido las Sagradas Escrituras, las cuales te pueden hacer sabio para la salvación por la fe que es en Cristo Jesús". 2 Tim. 3:15.

GEMA DE REFLEXIÓN:

"Deberíamos ejercitar en el estudio de las Santas Escrituras todas las fuerzas del entendimiento y procurar comprender, hasta donde es posible a los mortales, las profundas enseñanzas de Dios; pero no debemos olvidar que la disposición del estudiante debe ser dócil y sumisa como la de un niño. Las dificultades bíblicas no pueden ser resueltas por los mismos métodos que se emplean cuando se trata de problemas filosóficos. No deberíamos ponernos a estudiar la Biblia con esa confianza en nosotros mismos con la cual tantos abordan los dominios de la ciencia, sino en el espíritu de oración y dependencia filial hacia Dios y con un deseo sincero de conocer su voluntad. Debemos acercarnos con espíritu humilde y dócil para obtener conocimiento del gran YO SOY. De lo contrario vendrán ángeles malos a obscurecer nuestras mentes y a endurecer nuestros corazones al punto que la verdad ya no nos impresionará". C.S. 657.

COMENTARIO:

El señor Jesús mencionó: "si no fuereís como niños, no podreís entrar al reino de Dios", muchas cosas no entendemos, incluso muchas cosas no estan totalmente reveladas, las mismas escrituras afirman que "las cosas reveladas son para nuestro entendimiento y las ocultas son para Dios". Cuando intentamos especular de lo que podría ser, o de lo que quizá pasó, siempre estaremos en terrenos peligrosos, si Dios creyerá que esa parte no revelada fueran necesarias para nuestra salvación, ya nos las hubiera revelado, porque Dios no quiere que nadie tenga dudas con relación a la salvación, pero si no hay luz suficiente para algún asunto, deja las cosas en las manos de Dios, algún día será descorrido el velo de todos los misterios y comprenderemos todas las incognitas que quizá ahora tengamos. Confiar en Dios, es nuestra mayor seguridad, porque él sabe lo que hace.

EL CONFLICTO DE LOS SIGLOS para **Grupos Pequeños**

PREGUNTAS DE REFLEXIÓN:

1. ¿Hasta que punto debieramos tolerar a lguien que tiene sus propias ideas, basadas en su propias especulaciones pero no en la santa biblia?

2. ¿Cuál debiera ser nuestra actitud al abrir la palabra de Dios?

3. ¿Cuán importante es que las cosas que no están revaladas se las deje a Dios?

43. EL MENSAJE FINAL DE DIOS

Base Bíblica.

"Aquí está la paciencia de los santos, los que guardan los mandamientos de Dios y la fe de Jesús". Apoc. 14:12

> **GEMA DE REFLEXIÓN:**
>
> "El sábado será la gran piedra de toque de la lealtad; pues es el punto especialmente controvertido. Cuando esta piedra de toque les sea aplicada finalmente a los hombres, entonces se trazará la línea de demarcación entre los que sirven a Dios y los que no le sirven. Mientras la observancia del falso día de reposo (domingo), en obedecimiento a la ley del estado y en oposición al cuarto mandamiento, será una declaración de obediencia a un poder que está en oposición a Dios, la observancia del verdadero día de reposo (sábado), en obediencia a la ley de Dios, será señal evidente de la lealtad al Creador. Mientras que una clase de personas, al acepta el signo de la sumisión a los poderes del mundo, recibe la marca de la bestia, la otra, por haber escogido el signo de obediencia a la autoridad divina, recibirá el sello de Dios". C.S. 663.

COMENTARIO:

Algunos aseveran que la marca de la bestia es por medio de un chip o la compra de algún artículo que tiene un código de barras especial, sin embargo la santa biblia y Elena de White nos asegura que es un asunto de conciencia y lealtad. Mientras que los que deciden obedecer el domingo como día de reposo están recibiendo la marca de la bestia, los que deciden observar el sabado como dia de adoración a Dios reciben el sello de Dios. La marca de distinción de la bestia y por consiguiente de satanás, es aceptar el domingo como falso día de reposo, sin fundamento bíblico, inventado por el hombre. Pero el sábado tiene como fundamento la santa ley de Dios, la ley inmutable del gobierno de Dios, por tanto obedecerla es aceptar el gobierno de Dios y por siguiente su sello como hijos de Dios.

PREGUNTAS DE REFLEXIÓN:
1. ¿Cómo puedo estar seguro que tengo el sello de Dios?
2. ¿Si alguien a desobedecido fallando la observancia de día sábado parcialmente, ya tiene la marca de la bestia?
3. ¿Si alguno me dice que la santidad del sábado pasó al domigo, porque el domingo fue el día de resurrección de Jesús, cómo puedo enseñarle biblicamente que no es así?

44. EL MENSAJE FINAL DE DIOS (PARTE 2)

Base Bíblica.

He aquí, yo estoy a la puerta y llamo; si alguno oye mi voz y abre la puerta, entraré a él, y cenaré con él, y él conmigo. Apoc. 3:20.

GEMA DE REFLEXIÓN:

"Así también será proclamado el mensaje del tercer ángel. Cuando llegue el tiempo de hacerlo con el mayor poder, el Señor obrará por conducto de humildes instrumentos, dirigiendo el espíritu de los que se consagren a su servicio. Los obreros serán calificados más bien por la unción de su Espíritu que por la educación en institutos de enseñanza. Habrá hombres de fe y de oración que se sentirán impelidos a declarar con santo entusiasmo las palabras que Dios les inspire. Los pecados de Babilonia serán denunciados. Los resultados funestos y espantosos de la imposición de las observancias de la iglesia por la autoridad civil, las invasiones del espiritismo, los progresos secretos pero rápidos del poder papal —todo será desenmascarado. Estas solemnes amonestaciones conmoverán al pueblo. Miles y miles de personas que nunca habrán oído palabras semejantes, las escucharán. Admirados y confundidos. Oirán el testimonio de que Babilonia es la iglesia que cayó por sus errores y sus pecados, porque rechazó la verdad que le fue enviada del cielo". C.S. 664.

COMENTARIO:

La amonestación final de Dios no pasará inadvetida, el mesaje de los tres ángeles se entenderá claramente por la habitantes de este planeta, concientemente decidirán obedecer a Dios o por conveniencia personal obdecer al papado y sus falsas enseñanzas. Somos llamados a ser luces para ayudar a los perdidos, a presentarles la verdad para esclarecer sus mentes, de manera que muchos de esos miles decidan abandonar el error y aceptar a Jesús como su único salvador. Mientras presentamos las preciosas verdades bíblicas, veremos los milagros que Dios hace y hará con las personas que reciben su palabra, no desmayemos, somos parte de la amonestación final de parte de Dios.

PREGUNTAS DE REFLEXIÓN:
1. ¿A cuántas personas con las que se relaciona diariamente no concen el mensaje de los tres ángeles?
2. ¿Cómo podría usted compartir con ellos este mensaje final de amonestación de parte de Dios?
3. ¿Está conciente que quizá Dios le ha puesto donde está, para ser su mensajero para dar este mensaje de amonestación final?

Si es así ¿Qué lo detiene?

45. EL TIEMPO DE ANGUSTIA

Base Bíblica.
"El que es injusto, sea injusto todavía; y el que es inmundo, sea inmundo todavía; y el que es justo, practique la justicia todavía; y el que es santo, santifíquese todavía". Apoc. 22:11.

GEMA DE REFLEXIÓN:

"La noche de la aflicción de Jacob, cuando luchó en oración para ser librado de manos de Esaú (Génesis 32: 24-30), representa la prueba por la que pasará el pueblo de Dios en el tiempo de angustia. Debido al engaño practicado para asegurarse la bendición que su padre intentaba dar a Esaú, Jacob había huído para salvar su vida, atemorizado por las amenazas de muerte que profería su hermano. Después de haber permanecido muchos años en el destierro, se puso en camino por mandato de Dios para regresar a su país, con sus mujeres, sus hijos, sus rebaños y sus ganados. Al acercarse a los términos del país se llenó de terror al tener noticia de que Esaú se acercaba al frente de una compañía de guerreros, sin duda para vengarse de él. Los que acompañaban a Jacob, sin armas e indefensos, parecían destinados a caer irremisiblemente víctimas de la violencia y la matanza. A esta angustia y a este temor que lo tenían abatido se agregaba el peso abrumador de los reproches que se hacía a sí mismo; pues era su propio pecado el que le había puesto a él y a los suyos en semejante trance. Su única esperanza se cifraba en la misericordia de Dios; su único amparo debía ser la oración. Sin embargo, hizo cuanto estuvo de su parte para dar reparación a su hermano por el agravio que le había inferido y para evitar el peligro que le amenazaba. Así deberán hacer los discípulos de Cristo al acercarse el tiempo de angustia: procurar que el mundo los conozca bien, a fin de desarmar los prejuicios y evitar los peligros que amenazan la libertad de conciencia". C.S. 674.

COMENTARIO:

Cuando termine el tiempo de gracia, los redimidos habrán sido sellados para salvación, sin embargo, muchos quizá seremos atormentados por nuestros pecados pasados, por nuestra culpa, pensando que quizá no hemos sido perdonados. Pero no debemos confiar en nuestras propìas suficiencias, menos en nuestras buenas obras; lo único que nos mantendrá firmes, es la seguridad en Cristo Jesús como nuestro suficiente y garante salvador, sus méritos cubren nuestra inperfección y su sangre nos limpia de todo pecado. ¡Esa es nuestra total seguridad, no hay de que temer, la deuda ya está pagada!.

PREGUNTAS DE REFLEXIÓN:

1. ¿Puede algún ser humano, confiar en su salvaciónen por todo lo bueno que hizo en el tiempo de angustía?
2. ¿Cuándo seamos atormentados por los pecados pasados y nuestra culpabilidad nos acuse, qué debemos recordar?
3. ¿Puede Cristo perdonar todos los pecados, aún aquellos de los cuales nos avergonzamos?

46. EL TIEMPO DE ANGUSTÍA (PARTE 2)

Base Bíblica.

"Porque como el relámpago que sale del oriente y se muestra hasta el occidente, así será también la venida del Hijo del Hombre". Mateo 24:27.

> **GEMA DE REFLEXIÓN:**
>
> "El acto capital que coronará el gran drama del engaño será que el mismo Satanás se dará por el Cristo. Hace mucho que la iglesia profesa esperar el advenimiento del Salvador como consumación de sus esperanzas. Pues bien, el gran engañador simulará que Cristo habrá venido. En varias partes de la tierra, Satanás se manifestará a los hombres como ser majestuoso, de un brillo deslumbrador, parecido a la descripción que del Hijo de Dios da San Juan en el Apocalipsis. (Apocalipsis 1:13-15.) La gloria que le rodee superará cuanto hayan visto los ojos de los mortales. El grito de triunfo repercutirá por los aires: "¡Cristo ha venido! ¡Cristo ha venido!" El pueblo se postrará en adoración ante él, mientras levanta sus manos y pronuncia una bendición sobre ellos como Cristo bendecía a sus discípulos cuando estaba en la tierra. Su voz es suave y acompasada aunque llena de melodía. En tono amable y compasivo, enuncia algunas de las verdades celestiales y llenas de gracia que pronunciaba el Salvador; cura las dolencias del pueblo, y luego, en su fementido carácter de Cristo, asegura haber mudado el día de reposo del sábado al domingo y manda a todos que santifiquen el día bendecido por él. Declara que aquellos que persisten en santificar el séptimo día blasfeman su nombre porque se niegan a oír a sus ángeles, que les fueron enviados con la luz de la verdad. Es el engaño más poderoso y resulta casi irresistible. Como los samaritanos fueron engañados por Simón el Mago, así también las multitudes, desde los más pequeños hasta los mayores, creen en ese sortilegio y dicen: "Este es el poder de Dios llamado grande." (Hechos 8: 10, V. N- C.) C.S. 682.

COMENTARIO:

El carácter del enemigo seguirá siendo el mismo hasta el final; "un engañador", ésta simulación será una de las pruebas más contundentes para el cristiano, muchos tristemente serán engañados, la voz melodiosa del enemigo hechizará al mundo entero, tarde será cuando se den cuenta del gran engaño. Nuestra única garantía se encuentra en la palabra de Dios; "como el relámpago que sale del oriente y se muestra hasta el occidente, así será la venida del Hijo del hombre" (Mateo 24:27) Un así esta escrito nos librará de cualquier engaño, debemos estar atentos, consultando las escrituras, confiando en sus profetas, hará que estemos confiados y seguros, a la ley y al testimonio.

PREGUNTAS DE REFLEXIÓN:

1. Cuándo alguien nos diga: Jesús ya vino, vamos a verle, se encuentra en tal lugar. ¿Cuál debiera ser nuestra respuesta?

2. Siendo que nuestros sentidos son muy fáciles de engañar ¿En qué debemos depositar nuestra confianza y segura áncla?

3. Muchos milagros se realizarán por el falso mesías. ¿Son los milagros una prueba de la verdad para confiar en ellos?

EL CONFLICTO DE LOS SIGLOS para **Grupos Pequeños**

47. LA LIBERACIÓN DEL PUEBLO DE DIOS.

Base Bíblica.

"Alzaré mis ojos a los montes; ¿De dónde vendrá mi socorro? Mi socorro viene de Jehová. Que hizo los cielos y la tierra". Salmo 121:1,2.

GEMA DE REFLEXIÓN:

"El pueblo de Dios —algunos en las celdas de las cárceles, otros escondidos en ignorados escondrijos de bosques y montañas— invocan aún la protección divina, mientras que por todas partes compañías de hombres armados, instigados por legiones de ángeles malos, se disponen a emprender la obra de muerte. Entonces, en la hora de supremo apuro, es cuando el Dios de Israel intervendrá para librar a sus escogidos. El Señor dice: "Vosotros tendréis canción, como en noche en que se celebra pascua; y alegría de corazón, como el que va . . . al monte de Jehová, al Fuerte de Israel. Y Jehová hará oír su voz potente, y hará ver el descender de su brazo, con furor de rostro, y llama de fuego consumidor; con dispersión, con avenida, y piedra de granizo." (Isaías 30: 29, 30.) C.S. 693.

COMENTARIO:

Nuestros ojos sólo ven humanamente lo que nos rodea, no podemos mirar el cuidado amoroso de los santos ángeles, que continuamente nos brindan su protección y cuidado. Sin embargo, en el tiempo del fin, cuando las cosas parezcan desesperantes, sin tener a donde ir, y cuando la espada, las armas estén a punto de aniquilarnos, nuestro supremo Maestro se manifestará glorioso para liberarnos. Nuestra tristeza se convertirá en gozo, nuestro llanto en alegría, en lugar de escondernos brincaremos gozosos gritando con algarabía, "Cristo nos ha liberado" ¡Somos libres y salvos! Espera ese momento, aunque veas que los malos tienen el control, no es así; Dios tiene el control en sus manos, pronto, muy pronto, el pueblo de Dios será liberado.

PREGUNTAS DE REFLEXIÓN:
1. ¿Cómo podemos confíar en Dios aunque no lo veamos?
2. ¿Aunque todavía no existe una persecusión generalizada, cómo podemos prepararnos para esos momentos de crisis?
3. Muchos tienen miedo de la persecución. ¿Debe ser la persecución un momento de crisis o de esperanza ¿En qué debemos poner el énfasis?¿Debe preocuparnos más la persecución o hablar más de la liberación?¿Debemos meterle miedo a nuestros hijos o fortalecerlos en la esperanza

48. LA LIBERACIÓN DEL PUEBLO DE DIOS (PARTE 2)

Base Bíblica.

"Entonces vi el cielo abierto; y he aquí un caballo blanco, y el que lo montaba se llamaba Fiel y Verdadero, y con justicia juzga y pelea. Y en su vestidura y en su muslo tiene escrito este nombre: REY DE REYES Y SEÑOR DE SEÑORES". Apoc. 19.11 y 16.

GEMA DE REFLEXIÓN:

"Pronto aparece en el este una pequeña nube negra, de un tamaño como la mitad de la palma de la mano. Es la nube que envuelve al Salvador y que a la distancia parece rodeada de obscuridad. El pueblo de Dios sabe que es la señal del Hijo del hombre. En silencio solemne la contemplan mientras va acercándose a la tierra, volviéndose más luminosa y más gloriosa hasta convertirse en una gran nube blanca, cuya base es como fuego consumidor, y sobre ella el arco iris del pacto. Jesús marcha al frente como un gran conquistador. Ya no es "varón de dolores," que haya de beber el amargo cáliz de la ignominia y de la maldición; victorioso en el cielo y en la tierra, viene a juzgar a vivos y muertos. "Fiel y veraz," "en justicia juzga y hace guerra." "Y los ejércitos que están en el cielo le seguían." (Apocalipsis 19: 11, 14, V.M.) Con cantos celestiales los santos ángeles, en inmensa e Innumerable muchedumbre, le acompañan en el descenso. El firmamento parece lleno de formas radiantes,— "millones de millones, y millares de millares." Ninguna pluma humana puede describir la escena, ni mente mortal alguna es capaz de concebir su esplendor. "Su gloria cubre los cielos, y la tierra se llena de su alabanza. También su resplandor es como el fuego." (Habacuc 3: 3, 4, V.M.) A medida que va acercándose la nube viviente, todos los ojos ven al Príncipe de la vida. Ninguna corona de espinas hiere ya sus sagradas sienes, ceñidas ahora por gloriosa diadema. Su rostro brilla más que la luz deslumbradora del sol de mediodía. "Y en su vestidura y en su muslo tiene escrito este nombre: Rey de reyes y Señor de señores." (Apocalipsis 19: 16.) C.S. 698,699.

COMENTARIO:

Sin lugar a dudas ésta es una de las citas más famosas de el libro "Conflicto de los Siglos", nada que agregar, sólo disfrutar y deleitarnos, esperándo el asiado momento de la aparición de nuestro amado Salvador para ir con el casa. No más llanto, no más enfermedad, no más dolor. El momento para prepararnos para ese momento es ahora, aceptar a Jesús como nuestro único salvador personal, entregarle nuestra vida y servirle entre tanto el viene, no tardes más has los preparativos ahora, JESÚS pronto vendrá.

PREGUNTAS DE REFLEXIÓN:

1. ¿Has imaginado el gozo que tendrás en el momento del retorno de Jesús si te encuentra vivo?
2. ¿Si estamos muertos, que sucederá con nosotros, podremos mirar a Jesús de regreso por nosotros?
3. ¿A que personas te gustaría tener a tu lado en el momento del retorno de Jesús, esas personas, están listas para recibirle, si no es así, qué puedes hacer?

49. LA DESOLACIÓN DE LA TIERRA

Base Bíblica.

"Todo el que procure salvar su vida, la perderá; y todo el que la pierda, la salvará. Os digo que en aquella noche estarán dos en una cama; el uno será tomado, y el otro será dejado". Lucas 17: 33-34.

GEMA DE REFLEXIÓN:

"Los hombres ven que fueron engañados. Se acusan unos a otros de haberse arrastrado mutuamente a la destrucción; pero todos concuerdan para abrumar a los ministros con la más amarga condenación. Los pastores infieles profetizaron cosas lisonjeras; indujeron a sus oyentes a menospreciar la ley de Dios y a perseguir a los que querían santificarla. Ahora, en su desesperación, estos maestros confiesan ante el mundo su obra de engaño. Las multitudes se llenan de furor. "¡Estamos perdidos! —exclaman— y vosotros sois causa de nuestra perdición;" y se vuelven contra los falsos pastores. Precisamente aquellos que más los admiraban en otros tiempos pronunciarán contra ellos las más terribles maldiciones. Las manos mismas que los coronaron con laureles se levantarán para aniquilarlos. Las espadas que debían servir para destruir al pueblo de Dios se emplean ahora para matar a sus enemigos. Por todas partes hay luchas y derramamiento de sangre". C.S. 714.

COMENTARIO:

La crisis que enfrentará la mente humana no arrepentida será terrible, concientemente se dan cuenta que están perdidos, nada pueden hacer ya, no hay forma de regresar el tiempo; el fin de la gracia salvadora de Dios ha terminado, se miran horrorizados unos con otros, ya no importan los títulos ni las riquezas, simplemente ahora son humanos perdidos. Desesperados buscan a quienes les engañaron, se lanzan sobre ellos llenos de rabia y frustración, sacian su corage hasta aniquilarlos, solo para darse cuenta que nada cambia con la muerte de los engañadores, ¡Estan perdidos!¡Perdidos para siempre!. Negaron a su Maestro, siguieron a sus ídolos en lugar del Salvador, ahora la consecuencia es la muerte eterna.

PREGUNTAS DE REFLEXIÓN:
1. ¿En que grupo te encontrarás cuando la tierra quede desolada, estarás con los salvados o con los perdidos?
2. ¿Cuándo es el tiempo de hacer los arreglos para arrepentimiento delante de Dios, ahora o en el futuro?
3. ¿Podrá algún mortal por mucho dinero y posesiones que tenga comprar su salvación?

50. LA DESOLACIÓN DE LA TIERRA (PARTE 2)

Base Bíblica.

"Y el diablo que los engañaba fue lanzado en el lago de fuego y azufre, donde estaban la bestia y el falso profeta; y serán atormentados día y noche por los siglos de los siglos". Apoc. 20:10.

GEMA DE REFLEXIÓN:

"Durante mil años, Satanás andará errante de un lado para otro en la tierra desolada, considerando los resultados de su rebelión contra la ley de Dios. Todo este tiempo, padece intensamente. Desde su caída, su vida de actividad continua sofocó en él la reflexión; pero ahora, despojado de su poder, no puede menos que contemplar el papel que desempeñó desde que se rebeló por primera vez contra el gobierno del cielo, mientras que, tembloroso y aterrorizado, espera el terrible porvenir en que habrá de expiar todo el mal que ha hecho y ser castigado por los pecados que ha hecho cometer". C.S. 718.

COMENTARIO:

No podemos comprender ahora el misterio de la iniquidad, ¿Cómo un ser perfecto cometió pecado? ¿Cómo se reveló contra el gobierno de Dios? Las consecuencias de sus actos, los puede contemplar en la tierra vacia y desolada, no hay humanos para engañar, no hay reinos para incitar a las guerras, completamente solo, el enemigo de Dios solo esperará el momento en que caiga sobre él y sus ángeles la sentencia final de exterminio eterno. Su rebelión ha llegado a su fin, nada puede hacer, el gobierno de Dios lo ha desenmascardo, los redimidos que confiaron en su Señor; Cristo Jesús, han sido salvados, ya no puede tentarlos ni engañarlos. Finalmente el amor de Dios ha triunfado total y eternamente.

EL CONFLICTO DE LOS SIGLOS para **Grupos Pequeños**

PREGUNTAS DE REFLEXIÓN:
1. ¿Puede algún ser humano escapar del juicio de Dios?
2. ¿Podrá algún ángel caído escapar del juicio de Dios?
3. ¿Cuál será el destino final de los pecadores y los ángeles caídos?

51. EL FIN DEL CONFLICTO

Base Bíblica.

"Cuando los mil años se cumplan, Satanás será suelto de su prisión. Y subieron sobre la anchura de la tierra, y rodearon el campamento de los santos y la ciudad amada; y de Dios descendió fuego del cielo, y los consumió". Apoc. 20:7 y 9.

GEMA DE REFLEXIÓN:

"El propósito del gran rebelde consistió siempre en justificarse, y en hacer aparecer al gobierno de Dios como responsable de la rebelión. A ese fin dedicó todo el poder de su gigantesca inteligencia. Obró deliberada y sistemáticamente, y con éxito maravilloso, para inducir a inmensas multitudes a que aceptaran su versión del gran conflicto que ha estado desarrollándose por tanto tiempo. Durante miles de años este jefe de conspiraciones hizo pasar la mentira por verdad. Pero llegó el momento en que la rebelión debe ser sofocada finalmente y puestos en evidencia la historia y el carácter de Satanás. El archiengañador ha sido desenmascarado por completo en su último gran esfuerzo para destronar a Cristo, destruir a su pueblo y apoderarse de la ciudad de Dios. Los que se han unido a él, se dan cuenta del fracaso total de su causa. Los discípulos de Cristo y los ángeles leales contemplan en toda su extensión las maquinaciones de Satanás contra el gobierno de Dios. Ahora se vuelve objeto de execración universal". C.S. 728

COMENTARIO:

Todo lo que inició con el conflicto en el cielo entre el engañador y Cristo Jesús llega a su final, ya no hay un segundo tiempo de gracia, todo aquel que siguió al enemigo de Dios está perdido para siempre. Aunque satanás con todo su poder engañador intente hacer una última maniobra, para intentar conquistar la santa ciudad la nueva Jerusalén, no tiene éxito alguno, el santo juicio de Dios caé sobre él y todos sus seguidores, se convierten en estopa del fuego eterno. La tierra es purificada de su maldad, el pecado deja de ser para siempre, el Señor Todopoderoso renueva la tierra para ser hogar de los redimidos por la eternidad, toda la maldad y miseria desaparecen para no levantarse más. Los redimidos entran a una nueva vida cuyo final no existe.

PREGUNTAS DE REFLEXIÓN:
1. ¿Cuán dificil es creer ahora todo lo que está escrito en la santa biblia, cuando pareciera que el maligno tiene el control?
2. ¿Cuáles serán las consecuencias de aquellos que por no sufrir el oprobio en esta tierra desobedecieron a Dios y a su santa ley?
3. ¿De qué lado estarás en ese glorioso momento? ¿Serás un ciudadano de la nueva Jerusalén o estarás afuera con satanás queriendo conquistarla?

52. EL FIN DEL CONFLICTO (PARTE 2)

Base Bíblica.

"Enjugará Dios toda lágrima de los ojos de ellos; y ya no habrá muerte, ni habrá más llanto, ni clamor, ni dolor; porque las primeras cosas pasaron". Apoc. 21:4.

GEMA DE REFLEXIÓN:

"Todos los tesoros del universo se ofrecerán al estudio de los redimidos de Dios. Libres de las cadenas de la mortalidad, se lanzan en incansable vuelo hacia los lejanos mundos—mundos a los cuales el espectáculo de las miserias humanas causaba estremecimientos de dolor, y que entonaban cantos de alegría al tener noticia de un alma redimida. Con indescriptible dicha los hijos de la tierra participan del gozo y de la sabiduría de los seres que no cayeron. Comparten los tesoros de conocimientos e inteligencia adquiridos durante siglos y siglos en la contemplación de las obras de Dios... El gran conflicto ha terminado. Ya no hay más pecado ni pecadores. Todo el universo está purificado. La misma pulsación de armonía y de gozo late en toda la creación. De Aquel que todo lo creó manan vida, luz y contentamiento por toda la extensión del espacio infinito. Desde el átomo más imperceptible hasta el mundo más vasto, todas las cosas animadas e inanimadas, declaran en su belleza sin mácula y en júbilo perfecto, que Dios es amor". C.S. 736,737.

COMENTARIO:

No hay palabras para describir el gozo de los redimidos, porque no existen antecedentes en el mundo para entenderlo, sólo podemos imaginar con los ojos de la fe las escenas aquí descritas. Podremos volar como los ángeles, trasladarnos a otros mundos no caídos, seremos viajeros estudiantes por todo el universo para contemplar la inmensa y maravillosa creción de nuestro Dios, galaxias no exploradas, sistemas y soles no conocidos, dialogar y conocer a seres perfectos no caídos, pero lo más extraordinario e infinitamente glorioso es que podremos estar frente a la presencia de nuestro Dios, para arrojar nuestras coronas a sus pies y derramar nuestra gratitud ante su presencia. Gloria a su nombre, somos salvos solo por su gracia, y aunque en el cielo ya no habrá más llanto ni muerte, ni dolor; los ojos de los redimidos se llenarán de lagrimas pero de gratitud a nuestro Dios, por su amor inmensurable.

PREGUNTAS DE REFLEXIÓN:
1. ¿Estás haciendo los arreglos para estar con Cristo y los redimidos?
2. ¿Hace falta que alguno de tus seres amados haga arreglos para estar en el reino de los cielos, qué estás haciedo por él?
3. ¿Puedes imaginar un mundo sin enfermedad, dolor y muerte?